AF525015

Wirtschaftskunde
– Kompaktes Basiswissen für Einsteiger –

Wie Sie die Grundlagen der Wirtschaftslehre leicht verstehen und die Wirtschaft, Finanzmärkte und gesellschaftliche Modelle durchschauen

Johannes Bergstein

Alle Ratschläge in diesem Buch wurden vom Autor und vom Verlag sorgfältig erwogen und geprüft. Eine Garantie kann dennoch nicht übernommen werden. Eine Haftung des Autors beziehungsweise des Verlags für jegliche Personen-, Sach- und Vermögensschäden ist daher ausgeschlossen.

Email: info@edition-lunerion.de
www.edition-lunerion.de

Psiana eCom UG
Berumer Str. 44
26844 Jemgum

Inhaltsverzeichnis

Vorwort

Trocken und langweilig, viel zu kompliziert und ohnehin nur was für Aktienprofis und Politiker: So denken viele Menschen, wenn es um Wirtschaft und Finanzen geht, doch das Gegenteil ist der Fall. Die großen wirtschaftlichen Zusammenhänge sind so spannend wie beeindruckend und trotzdem für jedermann verständlich – und noch dazu können Sie auch als Durchschnittsbürger im Alltag enorm von diesem Verständnis profitieren.

Ob es um den Aufbau des deutschen Wirtschafts- und Finanzsystems geht, grundlegende Theorien oder hochaktuelle Themen der Weltwirtschaft – mit systematischer Einführung finden Sie sich im Dschungel des Wirtschaftswesens kinderleicht zurecht. Unterhaltsam und informativ zugleich verschafft Ihnen dieses Buch den perfekten Überblick über alle Wirtschaftsfragen und sorgt dafür, dass Sie bei der Geldpolitik künftig jederzeit mitreden können. Ob Sie aktuelle Nachrichten besser verstehen möchten, politisches Wissen vertiefen oder sich einfach einen Überblick über die wirtschaftliche Situation Deutschlands und der Welt verschaffen möchten – hier werden Sie im Handumdrehen zum finanzpolitisch aufgeklärten Bürger!

Die Lehre der Wirtschaft

Die Thematik der Wirtschaftswissenschaften ist ein sehr vielfältiger Bereich, der zahlreiche Zweige umfasst. Er beschreibt die Lehre der Wirtschaft. Um wirtschaftliche Zusammenhänge zu verstehen, muss man sich mit der gesamten Vielfältigkeit der Wirtschaftswissenschaften beschäftigen, da ihre Teilbereiche ineinander übergehen, sich überlappen und gegenseitig beeinflussen. Die Wirtschaftswissenschaften sind in die folgenden Teilbereiche und Kategorien unterteilt:

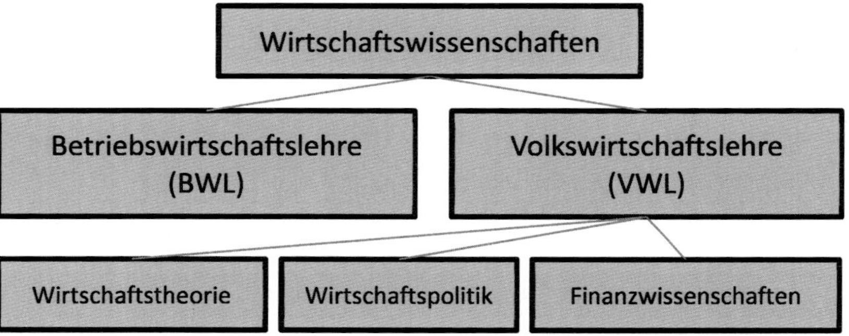

Die Wirtschaft oder auch Ökonomie eines Landes wird in 2 Unterkategorien aufgeteilt: die Betriebswirtschaftslehre, die sich mit Sachverhalten und Abläufen innerhalb von Unternehmen auseinandersetzt, und die Volkswirtschaftslehre, die sich mit gesamtwirtschaftlichen Zusammenhängen befasst. Hierbei wird ein ganzer Wirtschaftsraum betrachtet und die wirtschaftliche Entwicklung analysiert. Im Fokus der Volkswirtschaftslehre stehen die Zusammenhänge von Produktion und Güterverteilung. Die Volkswirtschaftslehre analysiert zudem bestimmte Verhaltensweisen und Entwicklungen von Unternehmen oder Privathaushalten und dient daher auch zur Erarbeitung von Handlungsempfehlungen.

In diesem Buch wird sich auf die Themen der Volkswirtschaftslehre konzentriert, die sich wiederum untergliedern in die Wirtschaftstheorie, die Wirtschaftspolitik und die Finanzwissenschaften. Auf jedes einzelne Teilgebiet wird im Verlauf des Buches näher eingegangen.

Wirtschaftstheorie: In der Wirtschaftstheorie wird sich sowohl mit der Mikro- als auch mit der Makroökonomie sowie mit der Außenwirtschaft und dem Außenhandel eines Landes beschäftigt. Es gibt verschiedene theoretische Ansätze, um das Wirtschaftssystem eines Landes zu beschreiben, zu analysieren und Vorhersagen darüber zu treffen. Wichtige Wirtschaftstheorien sind: die klassische Nationalökonomie, die marxistische Wirtschaftstheorie, der Keynesianismus und der Monetarismus.

Wirtschaftspolitik: Man bezeichnet alle Maßnahmen des Staates, die das Ziel haben, die Ökonomie eines Landes zu steuern oder zu beeinflussen, als Wirtschaftspolitik. Es gibt unterschiedliche Akteure, wie die Regierung, die Verwaltung oder Interessengruppen, die an diesen Entscheidungen beteiligt sind. Grundlage der Wirtschaftspolitik ist die Wirtschaftsordnung – in Deutschland die soziale Marktwirtschaft.

Finanzwissenschaften: Auch die Finanzwissenschaften beschäftigen sich mit den Aufgaben des Staates in der Ökonomie. Im Fokus liegen dabei allerdings öffentliche Finanzen, die Einkommensverteilung und generell die Stabilität der Wirtschaft des Landes.

Man kann auch hier die Themen nicht klar voneinander abgrenzen, sie gehen ineinander über und Entscheidungen in diesen Bereichen beeinflussen sich gegenseitig.

Wirtschaft

Die Grundlage für den Wohlstand einer Nation

Als Wirtschaft oder auch Ökonomie werden alle Vorgänge rund um Angebot und Nachfrage bezeichnet. Eine funktionierende Wirtschaft bedeutet für ein Land auch immer mehr Wohlstand für die Bevölkerung. Dabei gibt es verschiedene Systeme mit unterschiedlichen Rahmenbedingungen, unter welchen die Wirtschaft eines Landes läuft. Beim Wirtschaftssystem der freien Marktwirtschaft mischt sich der Staat beispielsweise nicht in das Wirtschaftsgeschehen ein. Alles wird über den Preismechanismus bestimmt und Angebot und Nachfrage können sich frei entwickeln. Völlig unabhängige freie Marktwirtschaften, in die der Staat überhaupt nicht eingreift, gibt es heute kaum noch, da Eingriffe des Staates z. B. bei Monopolbildung nötig sind. Dennoch ist das Wirtschaftssystem der USA der Theorie der freien Marktwirtschaft am ähnlichsten. Ein weiteres Beispiel ist die Planwirtschaft. Hier werden alle Vorgänge zentral vom Staat bestimmt, geregelt und kontrolliert. Der Staat bestimmt Produktionszahlen und teilt knappe Ressourcen zu. In der Geschichte haben sich Planwirtschaften als ineffektiv herausgestellt, sodass heute kaum noch Planwirtschaften existieren. Vereinzelte kommunistische Staaten wie Nordkorea haben allerdings noch heute eine Planwirtschaft.

GRUNDLEGENDE WIRTSCHAFTLICHE PROZESSE

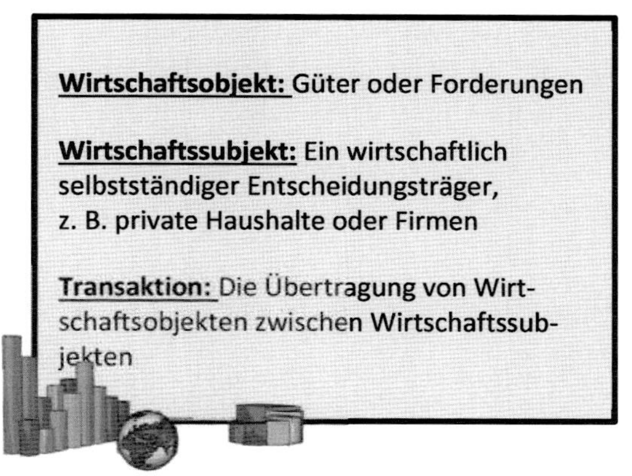

Wirtschaftsprozesse allgemein sind Interaktionen und Abhängigkeiten zwischen den sogenannten Wirtschaftssubjekten untereinander oder zwischen Wirtschaftssubjekten und Wirtschaftsobjekten. Dabei gibt die Wirtschaftsordnung die Rahmenbedingungen vor, unter welchen die Wirtschaftsprozesse ablaufen. Wirtschaftsprozesse sind außerdem nicht nur auf einen Staat begrenzt, sondern finden auch grenzüberschreitend durch Export und Import zwischen Staaten statt. Man spricht dann von internationalen Wirtschaftsprozessen.

Wirtschaftskreislauf

Ein Wirtschaftskreislauf ist ein Modell, das die wirtschaftlichen Zusammenhänge einer Volkswirtschaft vereinfacht darstellt. Das Modell veranschaulicht und analysiert die Tauschprozesse und Geschäftsbeziehungen zwischen verschiedenen Wirtschaftssubjekten. Diese Beziehungen und Bewegungen werden als Wertströme bezeichnet und in Güterströme und Geldströme unterteilt. Je nachdem, wie einfach das Modell gehalten werden soll, wird nur eine begrenzte Anzahl an Wirtschaftssubjekten betrachtet. Das Modell kann aber auch jederzeit erweitert werden, sodass dann immer mehr Wirtschaftssubjekte einbezogen werden. Nach diesen Kriterien werden verschiedene Wirtschaftskreisläufe unterschieden: der einfache, der erweiterte und der vollständige Wirtschaftskreislauf sowie der Wirtschaftskreislauf einer offenen Volkswirtschaft.

Bei allen Modellen gelten die gleichen Annahmen: Geldströme und Güterströme verlaufen immer in entgegengesetzte Richtungen. Ein geschlossener Wirtschaftskreislauf definiert sich dadurch, dass alle zufließenden Ströme genauso groß sein müssen wie die abfließenden Ströme, da dem Kreislauf von außen nichts zugefügt oder weggenommen wird. Die Wirtschaftssubjekte werden in Unterkategorien eingeteilt. Man unterscheidet die privaten Haushalte, die Unternehmen, den Finanzsektor, den Staat und das Ausland.

Einfacher Wirtschaftskreislauf:

Bei diesem Modell existieren lediglich zwei Wirtschaftssubjekte, die **privaten Haushalte** und die **Unternehmen**. Zudem befindet man sich in einer geschlossenen Volkswirtschaft, d. h. Ausland, Banken und der Staat werden in dem Modell nicht berücksichtigt. In dem einfachen Wirtschaftskreislauf gibt es Geld- und Güterströme. Zu dem Geldstrom zählen auf Seiten der Haushalte das Einkommen sowie Ausgaben für Güter und Dienstleistungen. Auf Seiten der Unternehmen sind es die Einnahmen von beispielsweise verkauften Gütern und Ausgaben für beispielsweise Produktionsmittel, die zum Geldstrom zählen. Der Güterstrom hingegen umfasst Produktionsfaktoren, die die Haushalte den Unternehmen in Form von Arbeit, Kapital oder Boden bereitstellen. Auch die vom Unternehmen angebotenen Güter und Dienstleistungen gehören zum Güterstrom. Da man in diesem Modell von einem geschlossenen System ausgeht, sind die Wert- und Güterströme gleich.

Erweiterter Wirtschaftskreislauf:

Der vereinfachte Wirtschaftskreislauf ist, wie der Name schon sagt, eine versimpelte Darstellung und wird der realen Volkswirtschaft nicht gerecht. Daher werden beim erweiterten Wirtschaftskreislauf ebenfalls Banken, der Staat sowie das Ausland betrachtet. Als 3. Wirtschaftssubjekt werden neben den privaten Haushalten und den Unternehmen die **Banken** eingeführt. Das hat zur Folge, dass nun davon ausgegangen wird, die privaten Haushalte gäben nicht ihr gesamtes Einkommen für Güter und Dienstleistungen aus, sondern sie sparen einen Teil ihres Einkommens. Mit diesen Geldreserven ist es wiederum der Bank möglich, den Unternehmen Kredite zu gewähren und somit die Investitionen dieser zu finanzieren. Bei den beschriebenen Strömen handelt es sich ausschließlich um Geldströme, die wertmäßig gleich sind, es wird von einem geschlossenen Kreislauf ausgegangen. Fügt man nun noch den **Staat** hinzu, kommt man einem realistischen Wirtschaftskreislauf schon sehr nahe. Auch der Staat hat Einnahmen und Ausgaben und interagiert mit allen anderen Wirtschaftssubjekten. Von den privaten Haushalten zieht er beispielsweise Steuern und Sozialabgaben ein. Im Gengenzug erhalten diese Transferleistungen in Form von Kindergeld, Bildung und Infrastruktur. Nicht nur private Haushalte, sondern auch Unternehmen zahlen Steuern. Im Gegenzug konsumiert der Staat Güter, fragt Dienstleistungen in den Unternehmen an und vergibt beispielsweise öffentliche Aufträge. Auch mit den Banken interagiert der Staat, indem er nicht das gesamte öffentliche Haushaltsbudget ausgibt. So können Teile im Finanzsektor angespart werden. Fehlt hingegen Geld, können staatliche Kredite aufgenommen werden.

Offene Volkswirtschaft:

Wird das **Ausland** einbezogen, geht man nicht mehr von einem geschlossenen Wirtschaftskreislauf aus, sondern spricht von einer offenen Volkswirtschaft. Das Ausland pflegt Tauschbeziehungen zu allen anderen Wirtschaftssubjekten des erweiterten Wirtschaftskreislaufs. Es ist nun möglich, dass private Haushalte ihr Einkommen vom Ausland bekommen oder es werden Güter aus dem Ausland konsumiert. Unternehmen interagieren mit Unternehmen im Ausland und können so Güter sowohl importieren als auch exportieren. Des Weiteren können ebenfalls Gelder im Ausland angelegt und gespart werden. Die Beziehung zwischen In- und Ausland wird als Außenbeitrag definiert. Übersteigt die Anzahl der Exporte die Anzahl der Importe eines Landes, liegt ein sogenannter positiver Außenbeitrag vor und es fließt Geld ins Inland. Als negativen Außenbeitrag bezeichnet man den Prozess, wenn ein Land mehr importiert als es exportiert. Hier liegt ein negativer Außenbeitrag vor. Das Geld fließt dementsprechend ins Ausland.

Angebot und Nachfrage

Auf einem Markt treffen Angebot und Nachfrage immer aufeinander. Dabei kann es sich um verschiedene Märkte handeln, wie z. B. den Aktienmarkt, den Wochenmarkt oder den Flohmarkt. Es ist immer dasselbe Prinzip: Käufer und Verkäufer kommen zusammen, um Handel zu betreiben. Das Angebot stellen dabei sowohl Güter als auch Dienstleistungen dar, die in einem Markt angeboten werden. Dem gegenüber steht die Nachfrage, bei der es sich um die Bereitschaft der Konsumenten handelt, gewisse Güter oder Dienstleistungen zu erwerben. Es werden daher nur Güter oder Dienstleistungen in einem Markt angeboten, wenn es auch Nachfrager dafür gibt, die bereit sind, diese zu kaufen. Wie Käufer und Verkäufer am Markt agieren und interagieren und dadurch Menge und Preis beeinflussen, wird vom Gesetz des Angebots und der Nachfrage genauer beschrieben:

Gesetz des Angebots

Das Angebot ist der wirtschaftliche Begriff für alle in dem Markt verfügbaren Güter, die von einem Händler im Tausch gegen Geld, Dienstleistungen oder andere Güter erworben werden können. Die Angebotskurve stellt dabei den Zusammenhang zwischen dem Preis und der Nachfragemenge eines Gutes dar. Das Gesetz des Angebots besagt das Folgende:

Je höher der Preis, umso höher die angebotene Menge
Je geringer der Preis, umso geringer die angebotene Menge

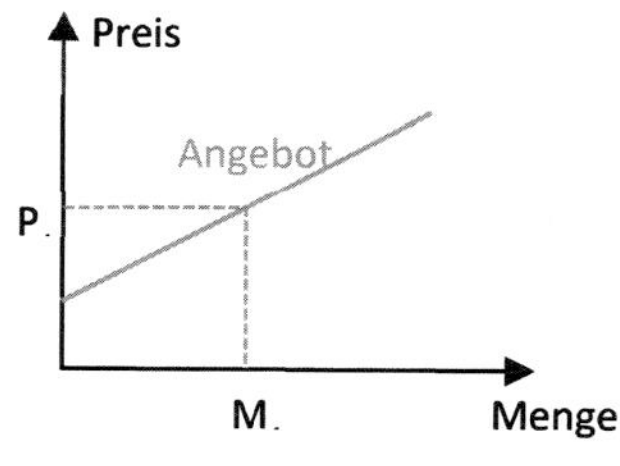

Ist der Preis für ein bestimmtes Gut hoch, so sind die Händler auch bereit, mehr von diesem Gut zu verkaufen, da mit dem Verkauf des Gutes zu einem hohen Preis auch hohe Gewinne seitens des Händlers erzielt werden können. Dem zu Grunde liegt das Prinzip der Gewinnmaximierung, denn bei einer Preissteigerung können Unternehmen auch mehr Profit realisieren, was in einer Erhöhung der Produktion resultiert. Die Kernaussage der Angebotskurve besteht also darin, dass bei niedrigen Preisen auch nur eine geringe Menge des Gutes angeboten wird. Steigen die Preise, erhöht sich auch die angebotene Menge.

Verschiebung der Angebotskurve:

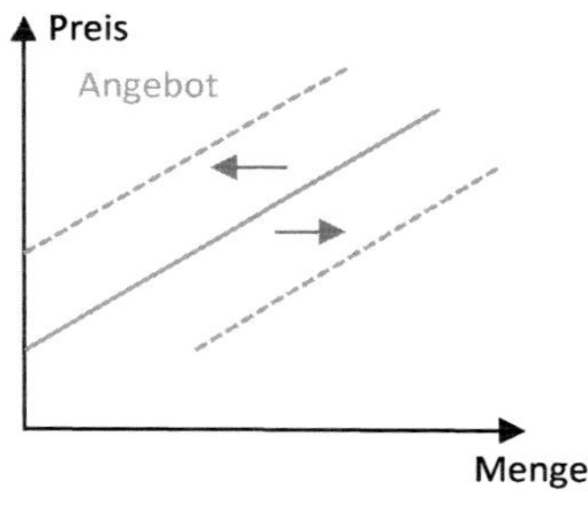

Bisher wurde davon ausgegangen, dass nur der Preis die angebotene Menge bestimmt. Es gibt jedoch auch Fälle, bei denen das Angebot selbst steigt oder sinkt, und zwar unabhängig vom Preis. Dabei spielen externe Faktoren eine große Rolle, die ganz allgemein die Marktsituation beeinflussen, das können z. B. eine Einkommensveränderung, eine Änderung der allgemeinen Präferenzen, Preisveränderungen, technischer Fortschritt und Werbung sein. Dies führt dann zu einer parallelen Verschiebung der Angebotskurve: nach rechts bei einem Anstieg des Angebots und nach links bei einem Absinken des Angebots durch externe Faktoren.

Gesetz der Nachfrage

Zeigt der Konsument den Willen oder eine Absicht, ein bestimmtes Gut oder eine Dienstleistung zu kaufen, so beeinflusst er damit die Nachfrage dieses Gutes. Sie kann in einem Markt durch die sogenannte Nachfragekurve dargestellt werden. Diese beschreibt den Zusammenhang zwischen dem Preis und der Menge der Nachfrage. Das Gesetz der Nachfrage besagt das Folgende:

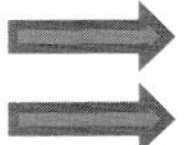

Je geringer der Preis, umso höher die nachgefragte Menge
Je höher der Preis, umso geringer die nachgefragte Menge

Ist der Preis niedrig, sind auch mehr Käufer bereit, größere Mengen der

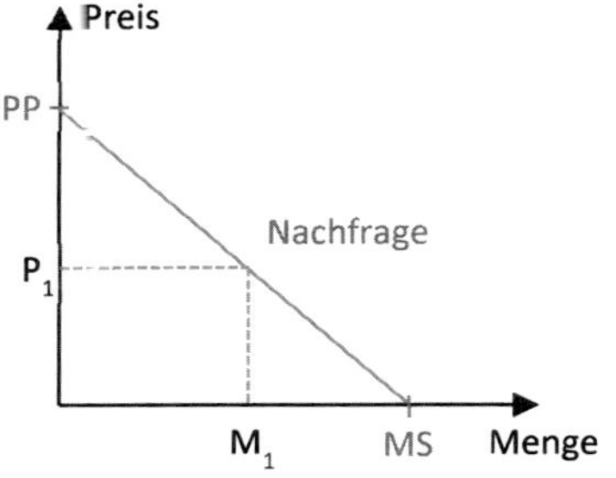

Güter zu erwerben. Ist im Gegensatz dazu der Preis höher, sind die Käufer nicht mehr bereit, die Güter in der gleichen Menge zu erwerben. Die Nachfrage sinkt bei steigendem Preis. P_1 markiert in der Graphik den Preis bei einer nachgefragten Menge von M_1. Der Punkt MS, an dem die Nachfragekurve die Mengenachse schneidet, ist die sogenannte Marktsättigung. Diese beschreibt die nachgefragte Menge, wenn das Gut oder die Dienstleistung nichts kosten würde, also bei einem Preis von 0 Euro. Demgegenüber steht der Punkt PP, der sogenannte Prohibitivpreis. Das ist wiederum der Preis, bei dem kein Konsument das Gut oder die Dienstleistung kaufen würde, da es bzw. sie zu teuer ist. Die nachgefragte Menge ist also an diesem Punkt 0.

Verschiebung der Nachfragekurve:

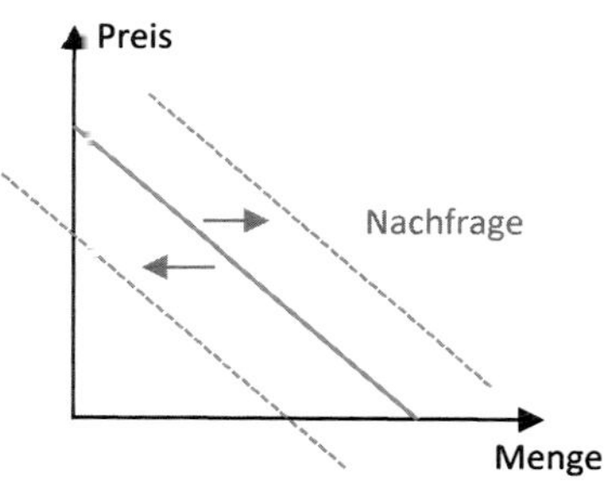

Bisher wurde davon ausgegangen, dass die nachgefragte Menge nur vom Preis abhängig ist. Es gibt jedoch auch Fälle, bei denen die Nachfrage selbst steigt oder sinkt, und zwar unabhängig vom Preis. Dabei spielen externe Faktoren eine große Rolle, die ganz allgemein die Marktsituation beeinflussen, das können z. B. eine Einkommensveränderung, eine Änderung der allgemeinen Präferenzen, Preisveränderungen, technischer Fortschritt und Werbung sein. Dies führt dann zu einer parallelen Verschiebung der Nachfragekurve: nach rechts bei einem Anstieg der Nachfrage durch externe Faktoren und nach links bei einem Absinken der Nachfrage durch externe Faktoren.

Dass die Nachfrage selbst steigt, kann z. B. an einer Veränderung der **Präferenzen** der Konsumenten liegen. Es wird z. B. eine neue Studie veröffentlicht, die zu dem Schluss kommt, dass Menschen, die viele Bananen essen, älter werden. Das kann dazu führen, dass die Nachfrage nach Bananen durch neue Erkenntnisse steigt, und das unabhängig vom Preis.

Auch die **Anzahl** der Konsumenten beeinflusst die Nachfrage. Das stetige Bevölkerungswachstum sorgt z. B. dafür, dass die Nachfrage an Nahrungsmitteln steigt. Die Nachfrage nach einem Gut wird zudem auch durch den Preis anderer Güter bestimmt.

Es ist wichtig, zwischen Komplementen und Substituten zu unterscheiden. Ein komplementäres Gut zu Müsli ist z. B. Milch. Steigt die Nachfrage nach Müsli, so steigt auch die Nachfrage nach Milch. Sojamilch hingegen ist ein Substitut für Milch. Sinkt der relative Preis für Sojamilch, werden mehr Konsumenten Sojamilch kaufen. Die Nachfrage nach traditioneller Milch wird daher sinken.

Das **Einkommen** von Konsumenten spielt ebenfalls eine Rolle als externer Faktor, der die Nachfrage beeinflusst. Wenn das Einkommen bei gleichbleibenden Preisen sinkt, können sich die Menschen nicht mehr so viele Güter leisten, die Nachfrage sinkt. Andersherum führt eine Einkommenserhöhung zu mehr Kaufkraft.

Güterarten

Güter sind allgemein Dinge zur Bedürfnisbefriedigung. Sie können in unterschiedliche Kategorien, die sogenannten Güterarten, eingeteilt werden, da sie sich teilweise ziemlich stark unterscheiden:

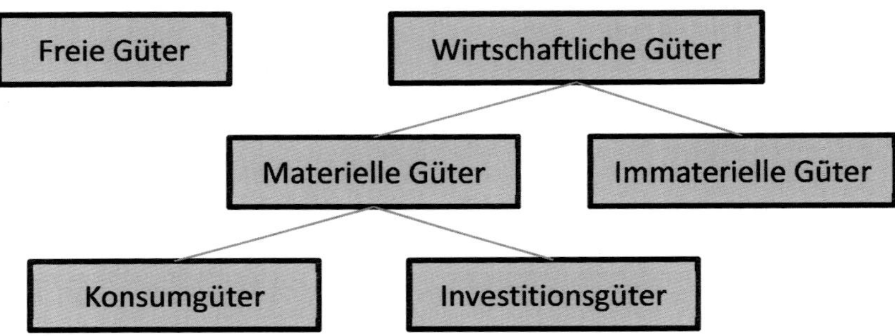

Freie Güter: Diese stehen allen Menschen kostenlos zur Verfügung, wie z. B. die Luft. Da diese Güterart für alle frei zugänglich ist, lohnt es sich für Unternehmen nicht, freie Güter zu verkaufen.

Wirtschaftliche Güter: Diese werden von Unternehmen hergestellt, um die Bedürfnisse der Menschen zu befriedigen. Dazu gehören z. B. Nahrungsmittel oder Autos. Als Gegenleistung wird ein Kaufpreis verlangt. Folglich stehen die wirtschaftlichen Güter nicht allen Menschen zur Verfügung, sondern sind begrenzt.

Materielle Güter: Dazu zählen alle Sachgüter wie Maschinen, Fahrzeuge, Lebensmittel etc.

Immaterielle Güter: Hierbei handelt es sich um alle Güter, die man nicht anfassen kann, wie z. B. Dienstleistungen in Form von Friseur- oder Werkstattbesuchen.

Konsumgüter: Diese werden von Unternehmen für Privatpersonen hergestellt. Konsumgüter werden also gekauft, um sie anschließend sofort zu benutzen oder zu verbrauchen.

Investitionsgüter: Diese werden von Unternehmen gekauft und genutzt, um die Konsumgüter herzustellen. Deshalb werden sie auch Produktionsgüter genannt. Zu dieser Güterart gehören Rohstoffe wie Holz oder Plastik, die Maschinen, die benutzt werden, um die Konsumgüter herzustellen, und auch die Hallen und Geschäftsräume des Unternehmens.

Verbrauchsgüter: Das können Konsumgüter wie Lebensmittel oder Treibstoff sein, aber auch Investitionsgüter wie Holz oder Nägel.

Gebrauchsgüter: Diese werden über eine längere Zeitspanne genutzt. Dazu zählen Autos, Gebäude, Möbel oder Elektrogeräte.

Marktgleichgewicht und Preisbildung

„Angebot und Nachfrage bestimmen den Preis!"

Sowohl das Angebot als auch die Nachfrage bestimmen die Preisbildung beim Verkauf von Gütern. Für einen Händler ist es gut, wenn er möglichst viele Güter zu einem hohen Preis verkauft. Konsumenten hingegen möchten für das Gut möglichst wenig ausgeben und vergleichen die Preise unterschiedlicher Händler. Den Preis, der alle Beteiligen zufriedenstellt, bezeichnet man als den **Gleichgewichtspreis**. Zu diesem Preis stimmt die angebotene Menge mit der nachgefragten Menge überein (Angebot = Nachfrage). Trägt man nun die Angebots- und Nachfragefunktion in das gleiche Koordinatensystem ein, so erhält man den folgenden Graphen:

Der Schnittpunkt der beiden Funktionen zeigt den Gleichgewichtspreis und die Gleichgewichtsmenge. Die zu diesem Preis nachgefragte und angebotene Menge sind gleich groß. In der Praxis entsteht der Gleichgewichtspreis durch den Prozess des Einpendelns, bis der Gleichgewichtspreis gefunden ist.

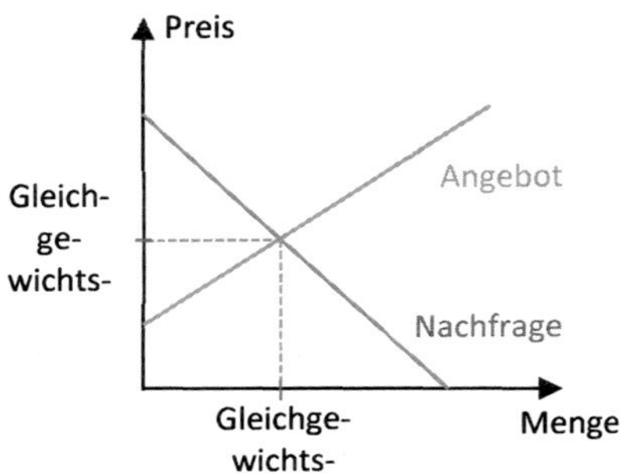

Durch den Wettbewerb der Händler untereinander wird der Preis eines Gutes nach unten gedrückt. Bietet ein Händler ein Gut zu einem zu hohen Preis an, entsteht ein Angebotsüberhang, d. h., die angebotene Menge des Gutes übersteigt die Nachfrage zu diesem Preis. Im Gegensatz dazu entsteht ein Nachfrageüberhang, wenn das angebotene Gut zu einem Preis unterhalb des Gleichgewichtspreises angeboten wird. In einem solchen Fall übersteigt die Nachfrage die Angebotsmenge, da jeder Konsument das billige Gut kaufen möchte. Im ungünstigsten Fall deckt dieser Preis dann aber nicht die Kosten des Händlers für Produktion etc.

Wettbewerb & Wachstum

Wettbewerb ist in der freien Marktwirtschaft ein wichtiges Mittel zur Auslese, zur Leistungssteigerung sowie zur Findung optimaler Lösungen für Aufgaben. Es bezeichnet das Streben von zwei oder mehr Personen nach dem gleichen Ziel. Die Konkurrenz am Markt zwischen Anbietern und Nachfragern um Geschäftsabschlüsse und Marktanteile bewirkt das Folgende:

- Güter für einen möglichst niedrigen Preis
- Beschleunigung des technischen Fortschritts
- Verbesserung der Qualität von Produkten und Produktionsprozessen
- Erhaltung der wirtschaftlichen Freiheit
- Leistungssteigerung der Menschen und damit ihres Wohlstandes

Durch Wettbewerb entsteht der Anreiz, neue Wege einzuschlagen und

Probleme zu lösen, Nischen am Markt zu finden und sich generell weiterzuentwickeln. Wichtig ist, den Markt für neue Bewerber offenzuhalten, das belebt den Wettbewerb und die Konkurrenz untereinander.

Wer wettbewerbsfähig und am Markt erfolgreich ist, muss oder kann sich vergrößern, um der hohen nachgefragten Menge eines Gutes nachzukommen. Ein Wachstum bezeichnet die Zunahme der wirtschaftlichen Leistungsfähigkeit und kann auf zwei unterschiedlichen Wegen zustande kommen: zum einen durch eine **Optimierung der Auslastung der Kapazitäten** und zum anderen durch eine **Ausweitung der Produktionskapazitäten**, wie z. B. durch den Kauf neuer Maschinen.

DAS ZUSAMMENSPIEL VON WIRTSCHAFTLICHEN UND POLITISCHEN AKTEUREN

Die Wirtschaftspolitik und ihre Definition sind sehr weit gefasst, daher gibt es verschiedene Möglichkeiten, den Begriff weiter zu klassifizieren, z. B. nach Zielen, Mitteln und Trägern oder Reformen. Allgemein kann man die Ziele der Politikwirtschaft in Finalziele und Modalziele unterscheiden. Finalziele nennt man auch „letzte Ziele", sie werden nicht aus anderen Zielen abgeleitet. Festgelegt werden diese durch die Bevölkerung eines Landes. Die Finalziele unterliegen aufgrund der Entwicklung der Meinungen und Ansichten der Bevölkerung ebenfalls einem ständigen Wandel. Folgende Finalziele werden vertieft betrachtet:

- Freiheit: Die Freiheit wird unterschieden in die **formale** Freiheit und die **materiale** Freiheit. Zur formalen Freiheit gehört z. B., dass jeder Mensch vor dem Gesetz gleich ist, sowie der Schutz vor staatlicher Willkür. Materiale Freiheit beinhaltet z. B., dass eigene individuelle Ziele im Rahmen der formalen Freiheit und der ethischen Norm verwirklicht werden können.
- Gerechtigkeit: Gerechtigkeit und Gleichheit gehen oft Hand in Hand. So wird beispielsweise angestrebt, dass jeder Mensch die gleichen Chancen und Startbedingungen hat. Das in der Realität umzusetzen, ist allerdings fast unmöglich. Ein reales Beispiel ist die Leistungsgerechtigkeit, die besagt, dass jeder für die gleiche Arbeit auch

den gleichen Lohn erhalten sollte. Betrachtet man allerdings heute noch die Löhne von Männern und Frauen, die in den gleichen Positionen arbeiten, so kann man sehen, dass Frauen im Vergleich zu Männern häufig weniger verdienen.

• Sozialer Frieden: Auch dieses Finalziel ist unmöglich zu erreichen. Um sozialen Frieden für alle Menschen zu erreichen, müsste ein hohes Maß an Sicherheit gewährleistet werden. Das würde allerdings wieder kontrovers zu dem Finalziel der Freiheit stehen.

• Wohlstand: Ein weiteres Finalziel ist der Wohlstand, welcher durch Zahlen wie das Bruttonationaleinkommen bestimmt wird.

Dem gegenüber stehen die Modalziele. Die Modalziele unterstützen die Finalziele. Die wichtigsten Modalziele werden oft in dem sogenannten „magischen Viereck“ dargestellt und sind die Säulen der Volkswirtschaft.

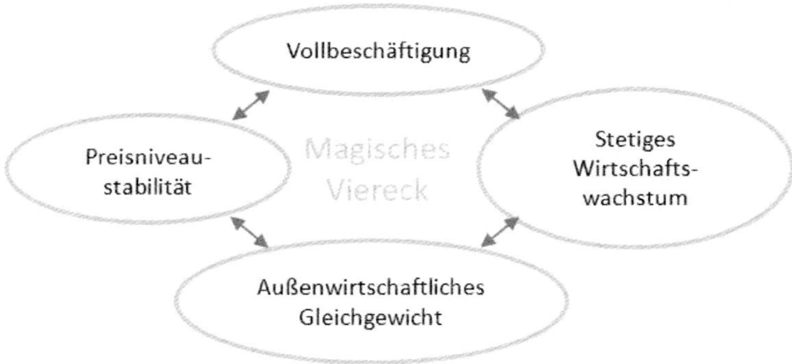

Im Stabilitätsgesetz wurde nach dem 2. Weltkrieg festgelegt, dass die vier Modalziele gleichrangig behandelt und umgesetzt werden sollen. *Magisches* Viereck heißt es allerdings deshalb, weil es nicht möglich ist, alle Ziele gleichzeitig zu erreichen. Oft stehen diese nämlich im Konflikt zueinander und beeinflussen sich gegenseitig.

Preisniveaustabilität:

Ziel in einer Volkswirtschaft ist es, möglichst stabile Preise zu haben, um eine konstante Wirtschaft zu gewährleisten. Diese Stabilität der Preise wird gemessen, indem man sich die Inflationsrate bestimmter Güter anschaut. Es wird also ein Warenkorb definiert, anhand dessen die Preisniveaustabilität gemessen werden kann. Man wählt dieses Vorgehen, um die Werte verschiedener Jahr vergleichbar zu machen. Der Warenkorb besteht aus den Gütern, die eine Gesellschaft regelmäßig konsumiert, wie z. B. Nahrungsmittel. So ist es möglich, die Preisänderung als Inflation (Preissteigerung) oder Deflation (Preissenkung) zu kategorisieren. Liegt eine Inflationsrate von unter 2 % vor, so gilt der Preis als stabil. Wird diese Grenze überschritten, hat das zur Folge, dass Konsumenten mit ihrem Geld weniger Produkte kaufen können, da das Geld weniger wert ist.

Wirtschaftswachstum:

Das Wirtschaftswachstum wird anhand des realen Bruttoinlandsprodukts (BIP) gemessen. Man spricht von einem stetigen Wirtschaftswachstum, wenn das BIP um 2-3 % zunimmt. Das BIP kann von sich sehr voneinander differenzierenden Faktoren beeinflusst werden, so z. B. von geschichtlichen und politischen Ereignissen, dem Zugang zu Rohstoffen oder aber von der allgemeinen Ausgangslage eines Landes. Durch ein konstantes Wachstum der Wirtschaft soll auch der allgemeine Wohlstand einer Bevölkerung steigen.

Vollbeschäftigung:

Von einer Vollbeschäftigung ist die Rede, wenn die Arbeitslosenquote unter 3-4 % liegt. Als arbeitslos gelten alle Personen, die in keinem Beschäftigungsverhältnis stehen, aber aktiv arbeitsuchend sind. Die Bestimmung der Arbeitslosenquote gestaltet sich in der Realität schwierig, da Personen, die nicht nach Arbeit suchen, auch nicht als arbeitslos gelten. Folglich ist die Arbeitslosenquote zwar gering, jedoch sind nicht mehr Personen vollbeschäftigt als zuvor.

Außenwirtschaftliches Gleichgewicht:

Ein außenwirtschaftliches Gleichgewicht wird erreicht, wenn auch ein Gleichgewicht von Importen und Exporten vorliegt und keines das andere stark überwiegt. Langfristig gesehen ist das ein wichtiger Punkt für eine gut funktionierende Volkswirtschaft. Liegt über einen längeren Zeitraum ein Leistungsbilanzdefizit vor, werden ausländische Währungsreserven knapp. Das kann im schlimmsten Fall dazu führen, dass Importartikel nicht mehr bezahlt werden können. Da sich die Sichtweisen und Werte in der Gesellschaft im Laufe der Zeit verändern, wird mittlerweile das magische Viereck um zwei weitere Punkte ergänzt, die sich mit Umweltschutz und Gerechtigkeit beschäftigen:

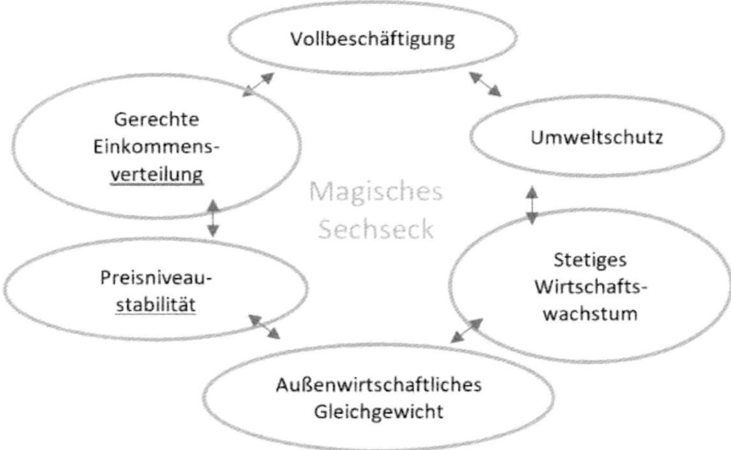

Das führt auf der einen Seite dazu, dass neue wichtige Aspekte berücksichtigt werden, auf der anderen Seite verstärken sich aber auch die problematischen Zielkonflikte.

Einer der bekanntesten Zielkonflikte besteht zwischen der Preisniveaustabilität und der Vollbeschäftigung, also im Prinzip zwischen der

Inflationsrate und der Arbeitslosenquote. Je höher die Arbeitslosenquote ist, desto geringer ist die Inflationsrate und umgekehrt. Dieser Zusammenhang wird durch die sogenannte **Phillips-Kurve** dargestellt.

Keynesianische Phillips-Kurve

Ein anderer Konflikt besteht zwischen der Preisniveaustabilität und dem stetigen Wirtschaftswachstum, da es während einer wirtschaftlichen Hochphase auch zu einer erhöhten Inflationsrate kommt. Die Preissteigerung stellt sich unter anderem ein, weil die Wirtschaft an ihre Grenzen stößt und der Wettbewerb um Produktionsfaktoren zwischen Firmen steigt. Eine steigende Wirtschaft hat aber auch zur Folge, dass mehr Menschen in einem Beschäftigungsverhältnis stehen und somit die Arbeitslosenquote sinkt.

Man kann an diesen Beispielen sehen, dass die Modalziele sich teilweise unterstützen und gegenseitig die Verwirklichung der Ziele fördern, aber auch, dass sie gegensätzlich zueinander stehen können.

Generell gibt es in der Wirtschaftspolitik verschiedene Akteure, die über entsprechende Priorisierungen der Ziele entscheiden. Man kann diese in **nationale** und **internationale** Akteure unterscheiden. Im Folgenden werden die einzelnen Entscheidungsträger weiter beleuchtet.

Das Parlament

Zusammen mit der Regierung, der Verwaltung und der Rechtsprechung bildet das Parlament die staatlichen Gewalten und bestimmt als Verfassungs- und Gesetzgeber den Rahmen der Wirtschaftspolitik. In Deutschland ist das der Deutsche Bundestag. Hier werden neue Gesetzesvorhaben von Abgeordneten aller Fraktionen vorbereitet. Durch den steigenden Bedarf an Gesetzen und Gesetzesänderungen ist das Parlament allerdings dazu übergegangen, die Regierungen und Minister einzubeziehen und ihnen mehr Befugnisse für Entscheidungen zu überlassen. Daher konzentriert sich das Parlament hauptsächlich auf seine Kontrollfunktion.

Durch das demokratisch gewählte Parlament sollen die Interessen zwischen den Wählerstimmen und den wirtschaftspolitischen Zielen bestmöglich in Übereinstimmung gebracht und vertreten werden. Dennoch kann auch ein demokratisch gewähltes System nicht immer zu 100 % den Willen der Wähler repräsentieren. Dies kommt beispielsweise durch das Mehrheitswahlrecht zustande, bei dem es sein kann, dass eine Partei überrepräsentiert wird und der Wille großer Minderheiten außen vor bleibt. Die Tatsache allerdings, dass jeder Mensch eine Meinung hat und wählen darf, entspricht dem Menschenrecht der Gleichheit vor dem Gesetz.

Die Regierung

Die Regierung setzt sich zusammen aus dem amtierenden Bundeskanzler und den Ministern und ist hauptverantwortlich für die Ausführung und Gestaltung der wirtschaftspolitischen Ziele. Die Regierung schlägt beispielsweise dem Parlament ihre wirtschaftspolitischen Konzepte vor, die sie entwickelt hat, und fällt Entscheidungen bei der Vollstreckung von Maßnahmen. Folglich ist die Regierung der wichtigste Entscheidungsträger über wirtschaftspolitische Handlungen. Dennoch muss sich auch die Regierung an einige Bedingungen bei diesen Entscheidungen halten:

- Gesetze und Vorschriften müssen beachtet werden
- Supernationale Akteure, wie z. B. die EU oder die NATO, begrenzen die nationalen Handlungsmöglichkeiten in der Wirtschaftspolitik
- Durch den Druck der Wiederwahl müssen auch die Wählerwünsche berücksichtigt werden

Daneben muss ebenfalls beachtet werden, dass Politiker auch eigene Interessen, Ziele und Wertvorstellungen haben und vertreten und diese ebenfalls in den Entscheidungsprozess einfließen. Der Wettbewerb der politischen Parteien ist dafür verantwortlich, dass die Regierung nicht nur ihre eigenen Interessen verfolgt, sondern sich auch an den Wünschen der Wähler orientiert, denn das größte Ziel einer Partei oder eines

Abgeordneten ist es, wiedergewählt zu werden. Bei geringem Wettbewerb ist die Wahrscheinlichkeit allerdings größer, dass sich Abgeordnete nicht an Wahlversprechen halten und sich dem Wählerwillen entziehen.

Die Verwaltung

Wichtig für die Regierung ist, dass sie auch über eine entsprechende Verwaltung verfügt. An der Spitze der Verwaltung der Bundesregierung Deutschlands stehen die Minister, gefolgt von den Bundesbehörden, wie z. B. der Finanzverwaltung.

Die Aufgabe der Verwaltung ist praktischer Natur. Sie besteht darin, die Entscheidungen von Regierung und Parlament umzusetzen. Je größer dabei die Bevölkerung und die Volkswirtschaft eines Landes sind, desto mehr Aufgaben und Bürokratie fallen an, die wiederum umso mehr Verwaltungsorgane benötigen. Zu den Verwaltungsaufgaben zählen u. a.:

- Planung: z. B. von Straßen und anderen Verkehrswegen
- Verwaltung von Leistungen: z. B. Arbeitslosengeld
- Eingriffe: z. B. ein Gewerbe an einem bestimmten Ort auszuüben
- Abgabenverwaltung: z. B. Steuerzahlungen

Die Zentralbank

Eine der wichtigsten Aufgaben der Zentralbank ist, die Stabilität der Währung eines Landes zu gewährleisten. Zusätzlich sind die Zentralbanken der Wirtschaftspolitik verpflichtet, jedoch nur, soweit die Sicherung der Geldwertstabilität nicht gefährdet wird. Zentralbanken sind unabhängige Banken und unterliegen keinen nationalen Regierungen oder EU-Organen. Da das Ziel der Geldwertstabilität für Politiker kein besonders bedeutsames Ziel ist, im Vergleich zur Vollbeschäftigung oder dem Wirtschaftswachstum, ist die Unabhängigkeit der Zentralbanken von Regierung und Wahlen besonders wichtig. Die Geldwertstabilität wird zwar von den Bürgern eines Landes geschätzt, allerdings sind Maßnahmen, die dazu führen, dass der Geldwert stabil bleibt, wie z. B. die Steigerung der Leitzinsen, weniger beliebt. Daher läuft das Ziel der Geldwertstabilität im politischen Wettbewerb mit anderen Modalzielen Gefahr, unterzugehen und nicht beachtet zu werden. Daher ist es eine vorteilhafte Entscheidung, diese Aufgabe einer unabhängigen Instanz zu übertragen, wie der Europäischen Zentralbank, die frei von politischen Einflüssen ist.

Konzerne

Als Konzerne bezeichnet man Firmen oder Unternehmen, die sich zusammengeschlossen haben, aber dennoch unter ein und derselben Leitung stehen. Diese sind oft multinational tätig und haben Tochtergesellschaften, Betriebsstätten sowie Niederlassungen in zahlreichen Staaten. Die Aktivitäten werden von der Zentrale im Heimatland gesteuert. Diese Unternehmen nutzen Vorteile der Standorte, wie z. B. den günstigen Bezug von Rohstoffen, liefern aber dem Gastland im Gegenzug Arbeitsplätze und evtl. neue Technologien und Maschinen.

Konzerne haben teilweise einen erheblichen ökonomischen Einfluss in den Zielländern und haben auf dem Absatz- und Beschaffungsmarkt eine marktbeherrschende Stellung. Kritik gibt es auch, da der Umsatz zahlreicher Unternehmen oft den öffentlichen Haushalt in ihren Zielländern übersteigt. So können Gewinne international verlagert und damit Steuerzahlungen umgangen werden.

NGOs

Ebenfalls eine wichtige Rolle in der Wirtschaftspolitik kommt den „Non-Governmental Organisations“ zu. Durch beratende Tätigkeiten von z. B. Gewerkschaften, Umweltschutzbehörden oder Industrieverbänden versuchen diese, die Regierung zu beeinflussen. Sie werden allerdings eher als indirekte Akteure der Wirtschaftspolitik gesehen, da sie lediglich versuchen können, die Regierung in ihre Richtung zu beeinflussen. Dafür ist ein hohes Maß an Organisations- und Konfliktfähigkeit vonnöten.

Der Wettbewerb zwischen den einzelnen Organisationen sorgt dafür, dass die Regierung nicht nur in eine Richtung beeinflusst wird. Dennoch ist die Einbindung von Interessengruppen in wirtschaftspolitische Entscheidungen von Vorteil, da Regierung und Verwaltung häufig auf Informationen dieser angewiesen sind.

Internationale und supernationale Institutionen

Die nationale Wirtschaftspolitik unterliegt ebenfalls dem Einfluss von internationalen Organisationen, wie z. B. dem *Internationalen Währungsfonds* (IWF) oder der *Organisation für wirtschaftliche Zusammenarbeit und Entwicklung* (OECD). Der IWF vergibt Kredite an verschuldete Länder und bindet diese im Gegenzug an bestimmte Auflagen. Auch ohne Auflagen können diese Organisationen die nationale Wirtschaftspolitik beeinflussen, indem sie Forderungen stellen und so die Regierung unter Rechtfertigungsdruck bringen. Zudem geben sie Empfehlungen, machen Analysen und Bewertungen und veröffentlichen diese.

Im Vergleich zu internationalen Organisationen sind die Entscheidungen supernationaler Institutionen für ihre Mitglieder verbindlich. So sind z. B. Entscheidungen der EU für alle Mitgliedsstaaten und deren Bevölkerungen verpflichtend.

EXKURS: LOBBYISMUS

Nicht nur alleine die Politiker treffen wichtige politische Entscheidungen. Sie bedienen sich dabei häufig des Fachwissens von Vertretern aus den entsprechenden Branchen und Interessengruppen, die man als Lobbyisten bezeichnet. Dadurch haben diese die Möglichkeit, auf politische Entscheidungen in ihrem Sinne Einfluss zu nehmen. Man bezeichnet das als Lobbyismus. Der Begriff stammt aus dem frühen englischen und US-amerikanischen Parlamentarismus. Es war damals üblich, dass sich in der Empfangshalle, oder im Englischen „Lobby", des Parlaments Vertreter von Kirche, Wirtschaft, Wissenschaft und vielem mehr versammelten. Dort wurde nach Veranstaltungen auf die Politiker und Abgeordneten gewartet, um mit ihnen ins Gespräch zu kommen und so an politischen Entscheidungen teilzuhaben. Daraus entstand später der Begriff des Lobbyismus.

Heute sammeln Lobbyisten vor allem Informationen. Diese werden aufbereitet und den entsprechenden Personen weitergeleitet. Sie pflegen Kontakte zu Abgeordneten und anderen Politikern und einflussreichen Personen, schreiben Vorlagen für Gesetzesentwürfe, gehen zu Informationsveranstaltungen oder organisieren diese. Oft wird zudem Druck auf die Politik ausgeübt, indem Streiks oder der Abbau von Arbeitsplätzen angedroht werden.

Gleichermaßen geschätzt und gefürchtet, bringen Lobbyisten eine große Bandbreite an Fachwissen und Branchenkenntnissen mit sich, die so in die politischen Entscheidungsprozesse einfließen und dadurch helfen, bessere Entscheidungen zu treffen. Dennoch haben auch Lobbyisten eigene Interessen – man kann nicht mit Bestimmtheit wissen, wie stark Informationen gefärbt sind oder ob sie gar der Wahrheit entsprechen. Zudem ist es so, dass Lobbyisten, hinter denen eine große und finanzstarke Firma steht, meist mehr Einfluss nehmen und sich besser durchsetzen können als kleinere Verbände, hinter welchen weniger finanzielle Mittel stehen, wie beispielsweise Umweltschützer oder Verbraucherschützer.

Dennoch repräsentieren im Idealfall die Interessenverbände etc. und damit die Lobbyisten die Vielfalt der Gesellschaft. Bei wichtigen Entscheidungen werden daher Vertreter aller Interessengruppen angehört und idealerweise gleichermaßen berücksichtigt. Lobbyismus kann daher eine sinnvolle politische Interessenvertretung sein. Um jedoch eine zu große Einflussnahme von einzelnen Interessenverbänden und Korruption zu vermeiden, fordern viele mehr Transparenz. Auch der Wechsel von Abgeordneten in einflussreiche Posten von Interessenverbänden wird eher kritisch gesehen.

DIE FREIHEIT DES MARKTES

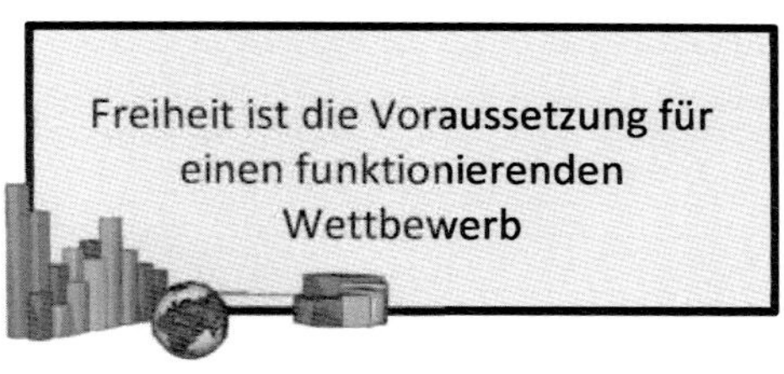

Niemand darf daran gehindert werden, am Wettbewerb des Marktes teilzuhaben. Freiheit bedeutet, dass weder der Staat noch andere Marktteilnehmer eine Teilnahme am Wettbewerb verwehren dürfen. Allein die Nachfrage der Konsumenten bestimmt, welcher Wettbewerber erfolgreich ist und welcher nicht. Dies wird auch als Konsumentensouveränität bezeichnet. Wo welche Ressourcen eingesetzt werden, obliegt allein der Entscheidung der Marktteilnehmer und erfolgt auf freiwilliger Basis. Dennoch kann der Wettbewerb und damit verbunden ebenfalls die Freiheit des Marktes gefährdet werden. Agieren Wettbewerber nicht nebeneinander, sondern miteinander, ist der freie Wettbewerb gefährdet und die Bildung von Monopolen wahrscheinlich. Hier bietet nur ein Wettbewerber ein bestimmtes Gut an, sodass der Konsument keine Entscheidungsmöglichkeit mehr hat. Um solche Entwicklungen zu vermeiden, bildet der Staat mithilfe von Gesetzen und Verordnungen ein Grundgerüst, in dem der freie Wettbewerb gewährleistet wird. Dies stellt zwar eine Einschränkung der Freiheit der Wettbewerber dar, dies geschieht jedoch zum Schutz des Wettbewerbs und der Freiheit der Konsumenten. Daher gilt, dass auch bei einer freien Marktwirtschaft die völlige Unabhängigkeit vom Staat nicht möglich ist.

Konsumentensouveränität

Die Konsumentensouveränität hat ihren Ursprung im klassischen Liberalismus von *Adam Smith.* Sie besagt, dass der Verbraucher durch sein Konsum- und Nachfrageverhalten die Güterproduktion steuert und dass damit seine Bedürfnisse optimal befriedigt werden. Dennoch wird vor allem das Menschenbild des *Homo oeconomicus* in diesem Leitbild kritisiert, da es sich um einen Menschen handelt, der allumfassend zu Gütern informiert ist und rationale Entscheidungen ohne Emotionen trifft und damit seinen Nutzen maximiert. Mehr zu dem Menschenbild des *Homo oeconomicus* erfahren Sie auch im Kapitel „Die klassische Nationalökonomie".

LEISTUNGSFÄHIGKEIT EINES LANDES: DAS BRUTTOINLANDSPRODUKT

Das *Bruttoinlandsprodukt* (BIP) gibt den Wert aller Güter und Dienstleistungen an, die innerhalb eines Jahres in einem Land produziert wurden. Da von einer gut funktionierenden Wirtschaft auch jeder Einzelne profitiert, wird das BIP auch als Wohlstandsindikator verwendet. Ist das BIP eines Landes hoch, geht man davon aus, dass auch der Wohlstand der Menschen in dem Land hoch ist und umgekehrt.

Man unterscheidet das **nominale** und das **reale** BIP. Beim nominalen BIP werden die Ursachen von Preisänderungen, wie z. B. Inflation, nicht berücksichtigt. Es wird daher stets mit den aktuellen Preisen eines Jahres gerechnet. Bei dem realen BIP werden Preise eines Basisjahres verwendet, um so von Inflationen bereinigt zu werden. Was das genau bedeutet, wird im Folgenden genauer erläutert:

Nominales BIP:

$$BIPnom = Menge\ aller\ produzierten\ Güter\ x\ aktueller\ Preis$$

Wie bereits erwähnt, wird das nominale BIP berechnet, indem die Menge aller produzierten Güter und Dienstleistungen mit dem aktuellen Preis multipliziert wird. Preisschwankungen, verursacht durch Inflation, oder andere Faktoren können bei dieser vereinfachten Formel nicht berücksichtigt werden.

Wird beispielsweise 1 Auto produziert und für 10.000 Euro von der Firma verkauft, so fließen diese 10.000 Euro in das nominale BIP ein. Im nächsten Jahr hat allerdings eine Preissteigerung stattgefunden. Das gleiche Auto wird nun für 15.000 Euro verkauft. In diesem Jahr fließen also 15.000 Euro in das nominale BIP ein. An der wirtschaftlichen Leistung hat sich allerdings nichts verändert, in beiden Jahren wurde jeweils 1 Auto produziert und verkauft. Im 2. Jahr ist also lediglich durch den Preisanstieg das nominale BIP gestiegen.

Nimmt man dieses nun als Wohlstandsindikator, so kann das zu verfälschten Ergebnissen führen, da man annehmen würde, dass der Wohlstand im 2. Jahr gestiegen ist, da auch das BIP im 2. Jahr gestiegen ist. Dabei handelt es sich allerdings um einen Trugschluss, da ja sowohl im 1. als auch im 2. Jahr nur 1 Auto produziert und verkauft wurde.

<u>Reales BIP:</u>

$$BIPreal = Menge\ aller\ produzierten\ Güter\ x\ konstanter\ Preis$$

Um eine solche Verzerrung wie beim nominalen BIP zu umgehen, wird das reale BIP mithilfe von konstanten Preisen berechnet. Für die Berechnung des realen BIP wird also ein Basisjahr festgelegt, um die Preise konstant zu halten. Mithilfe des sogenannten *Paasche-Preisindexes* wird dann das reale BIP berechnet.

> Die Aufgabe eines Preisindex ist es, die Preise verschiedener Produkte vergleichbar zu machen. Der Paasche-Index ist ein Preisindex, mit dem Veränderungen des Preisniveaus berechnet werden können. Um diesen zu berechnen, wird ein Basisjahr definiert. Es werden also die Preise des aktuellen Jahres mit den Preisen des Basisjahres anhand der Menge des aktuell definierten Warenkorbs verglichen.

Schaut man sich das Auto-Beispiel erneut an und legt das 1. Jahr als Basisjahr fest, so würde trotz Preissteigerung im 2. Jahr immer noch mit den 10.000 Euro aus dem 1. Jahr gerechnet werden. In diesem Falle hätte sich das BIP nicht verändert und auch der Wohlstand ist gleichgeblieben, was ein reales Bild der Wirklichkeit darstellt, da in beiden Jahren nur 1 Auto produziert wurde. Die Preisschwankung wird also bei dieser Methode berücksichtigt und herausgerechnet. Preisschwankungen können mithilfe des BIP-*Deflators* berechnet werden. Dieser ist ein Preisindex, der das Verhältnis zwischen nominalem und realem BIP angibt.

$$BIP - Deflator = \frac{BIPnom}{BIPreal}\, x\, 100$$

Mithilfe dieser Formel kann berechnet werden, wie sich die Preise zwischen dem Basisjahr und dem aktuellen Jahr verändert haben. Ist der BIP-Deflator > 100, so lag in diesem Jahr eine Inflation, also eine Preisniveausteigerung, vor. Ist der BIP-Deflator < 100, so lag eine Verringerung des Preisniveaus, also eine Deflation, vor. Beträgt er genau 100, so haben sich die Preise zwischen dem aktuellen und dem Basisjahr nicht verändert.

Daher kann das reale BIP auch als Wohlstandsindikator verwendet werden. Das nominale BIP eignet sich dazu eher weniger, da Preisschwankungen das Ergebnis verfälschen und zu falschen Schlussfolgerungen führen.

Bruttonationaleinkommen

Nicht zu verwechseln ist das BIP mit dem BNE (Bruttonationaleinkommen). Dieses umfasst das gesamte erwirtschaftete Einkommen der Bevölkerung eines Landes innerhalb eines bestimmten Zeitraumes. Ob das Einkommen dabei im In- oder Ausland erwirtschaftet wurde, spielt keine Rolle. Zu dem BNE zählen alle Löhne, Gehälter, Gewinne oder Mieten von Personen mit Erstwohnsitz im Inland. Die Berechnung des BNE erfolgt auf Grundlage des BIP, d. h., sämtliche Einkommen, die an andere Länder gezahlt wurden, werden vom BIP subtrahiert. Einkommen, die allerdings im Ausland erwirtschaftet und ausgezahlt wurden, werden hinzugefügt.

Orientierung

Gesellschaftliche Modelle

Gesellschaftliche Modelle dienen der Charakterisierung von Gesellschaften, eröffnen den Zugang zu Wandlungsprozessen und zeigen Ängste und Hoffnungen einer Gesellschaft auf. Sie sind zudem Annahmen, mithilfe derer soziale Beziehungen und typische Handlungsweisen der Lebenswirklichkeit interpretiert werden können.

Wie sich eine komplexe Gesellschaft aus einfachen Verhältnissen entwickeln konnte, für deren Beschreibung komplexe Modelle nötig sind, hängt stark von der Entwicklung der Landwirtschaft ab.

Während der längsten Zeit der Menschheitsgeschichte bestand die menschliche Gesellschaft aus kleinen Gruppen von Nomaden, die auf der Jagd und auf der Suche nach Nahrung waren. Die Schriftsprache war noch kein Konzept und die menschliche Organisation war nicht sehr ausdifferenziert. So sah das Leben unzähliger Generationen des frühen Menschen aus, bis die wohl wichtigste Innovation in der Geschichte der Menschheit erfunden wurde: die Landwirtschaft. Als die Menschen erkannten, dass bestimmte Pflanzen kultiviert und effizient angebaut werden können, stieg die Ernährungssicherheit innerhalb dieser Gruppen. Konnte früher ein einzelner Mensch die für seinen Lebensunterhalt notwendige Nahrung produzieren, so konnte nun ein einzelner Mensch einen Überschuss erwirtschaften, was bedeutete, dass die kollektiven Anstrengungen einer Gruppe sich nun anderen Unternehmungen zuwenden konnten. Die Landwirtschaft führte auch zur Entwicklung der sesshaften Lebensweise und der Viehzucht, bei der Gruppen von Menschen für längere Zeit an einem Ort bleiben und die Pflanzen- und Tierwelt in ihrer jeweiligen Region domestizieren konnten. Die Fruchtbarkeit konnte gesteigert werden und die Bevölkerungszahl nahm zu. Es wurden Schriftsprachen eingeführt, die es komplexeren Gesellschaften ermöglichten, grundlegende Regeln aufzustellen. Anstatt sich auf die Produktion, den Anbau und die Beschaffung von Nahrungsmitteln zu konzentrieren, konnte sich die Aufmerksamkeit der Menschen nun auf das Verständnis der Welt um sie herum richten, was Basis für die Entstehung der Naturwissenschaften und der Philosophie bildete. Während sie früher Jäger und Sammler waren, ermöglichte es der Überschuss an Nahrung den Menschen, Metallarbeiter, Soldaten, Ärzte, Buchhalter, Könige und Kaiser zu werden. Das Konzept der Wirtschaft war geboren.

Dieser Übergang von kleinen, wenig komplexen Gruppen zu großen, ausdifferenzierten Nationalstaaten und Imperien erforderte eine Debatte, die seither geführt wird:

Wie organisieren wir am besten die kollektive Produktionskapazität von Individuen innerhalb unserer Gesellschaften, um den größtmöglichen Nutzen für alle zu erzielen?

Um diese Frage in einem modernen Kontext zu beantworten, kann die Debatte zwischen Sozialismus und Kapitalismus betrachtet werden, den beiden gängigsten Formen der wirtschaftlichen Organisation in der heutigen Welt.

SOZIALISMUS VS. KAPITALISMUS

Sozialismus

Im Gegensatz zu einer kapitalistischen Organisationsform tritt der Sozialismus für das **kollektive Eigentum** an den Produktionsmitteln ein. Die sozialistische Theorie umfasst ein breites Spektrum von Philosophien, von denen einige einander grundsätzlich entgegengesetzt sind. So vertreten beispielsweise einige Anarchisten sozialistische, libertäre Ideale ohne eine zentralisierte Regierung, während andere Sozialisten für einen starken Staat eintreten, der die kollektivierten Produktionsmittel verwaltet. In den meisten Beispielen etablierter sozialistischer Systeme fällt die Verwaltung der Industrie und der Wirtschaft insgesamt jedoch in die Zuständigkeit einer starken Zentralregierung. Wie der Kapitalismus haben auch sozialistische Regierungssysteme und Wirtschaftsorganisationen im Laufe der Geschichte existiert. Der moderne Sozialismus und seine Position als Alternative zum Kapitalismus geht jedoch auf die Arbeiten von *Karl Marx* und *Friedrich Engels* zurück, die im 19. Jahrhundert die Sozialtheorie als Reaktion auf die Ineffizienzen und Ungleichheiten während der Industriellen Revolution entwickelten.

Steckbrief: Friedrich Engels

Bekannt als deutscher Philosoph und kommunistischer Revolutionär, wurde Friedrich Engels (1802-1895) als Sohn eines Fabrikarbeiters in Wuppertal geboren. Neben Karl Marx war er einer der bedeutendsten Kritiker des Kapitalismus und verfasste zusammen mit seinem Kollegen Karl Marx zahlreiche wirtschaftskritische Arbeiten, u. a. das berühmte Werk „Das kommunistische Manifest“. Mit der Kritik an politischen und wirtschaftlichen Systemen beschäftigte sich Engels schon vor Karl Marx. Sein 1844 erschienenes Werk „Umrisse zu einer Kritik der Nationalökonomie“ inspirierte Marx und er nutzte dieses als Grundlage für seine eigenen Arbeiten.

Im Gegensatz zum Kapitalismus, bei dem der Mehrwert der Arbeit bei denjenigen verbleibt, die die Produktionsmittel privat besitzen, setzt sich der Sozialismus weitestgehend für eine gerechte Verteilung dieses Mehrwerts innerhalb der Gemeinschaft ein.

Beispiele für Länder, deren Regierungen eine sozialistische Politik unterstützen, sind Syrien, Venezuela, Eritrea und Nordkorea.

Kapitalismus

Der Kapitalismus zeichnet sich durch das **Privateigentum** an den Produktionsmitteln, **freie Märkte** und **begrenzte staatliche Eingriffe** in die Märkte aus. Die Produktionsmittel, definiert als Land, Arbeit und Kapital, werden in der Regel von Privatpersonen kontrolliert, die Löhne an Arbeitnehmer zahlen, die durch ihre Arbeit Eigentum und Kapital produktiv nutzen. Der Kapitalismus hat zwar seine Wurzeln in der gesamten Menschheitsgeschichte, doch die gegenwärtige Version des Kapitalismus, die heute in der Welt beobachtet werden kann, hat ihre Wurzeln im wesentlichen *Merkantilismus* der Kolonialzeit und der anschließenden Industriellen Revolution, in der die Fabrik und die Industrie geboren wurden und die Menschheit in eine neue Ära eintrat.

Beim Merkantilismus handelt es sich um eine Wirtschaftsform, deren primäres Ziel es war, das eigene Land zu **bereichern**. Die Grundidee bestand darin, viele Güter im Land zu produzieren, um diese dann teuer im Ausland zu verkaufen. Das führte dazu, dass Geld ins Land floss. Dieses sollte in erster Linie dort verbleiben und nicht für Importartikel des Auslandes ausgegeben werden. Durch hohe Zölle auf diese Waren versuchte man, das zu verhindern. Zudem durften keine Rohstoffe exportiert werden, da man diese zur Produktion eigener Güter brauchte. Sogenannte Ausfuhrzölle wurden im Merkantilismus eingeführt. Seinen Ursprung hat der Merkantilismus im absolutistischen Frankreich des 16. Bis 18. Jahrhunderts. Da vor allem in Zeiten der Herrschaft des verschwenderischen Königs Ludwig XIV. mehr denn je Geld benötigt wurde, entwickelte der damalige Finanzminister *Jean Baptiste Colbert* das Prinzip des Merkantilismus und löste so die finanziellen Probleme Frankreichs.

Die Eigentümer der Produktionsmittel nehmen die produzierten Waren und Dienstleistungen und verkaufen sie auf einem Markt. Der Marktpreis im Vergleich zum Preis, der für die Produktion der Waren und Dienstleistungen erforderlich ist, wird von der Person, die die Produktionsmittel kontrolliert, als Gewinn einbehalten. Der Kontrolleur trägt jedoch auch das Risiko, dass er das Produkt nicht zu einem gewinnbringenden Preis auf dem Markt verkaufen kann und dadurch einen Verlust erleidet. Im Kapitalismus ist die Maximierung dieses Gewinns das vorrangige Ziel der wirtschaftlichen Tätigkeit. Der Einzelne wird ermutigt, seine eigenen Ziele frei zu verfolgen und die Produktionsmittel so zu kombinieren, wie er es für richtig hält.

Beispiele für Länder, deren Wirtschaftssystem auf den Grundsätzen des Kapitalismus beruht, sind die Vereinigten Staaten, Deutschland, die Schweiz, das Vereinigte Königreich und Neuseeland.

Vor- und Nachteile

Befürworter des Sozialismus, wie Marx, weisen auf die Ungleichheiten in kapitalistischen Gesellschaften als unmoralisch und ineffizient hin. Dem Kapitalismus wird vorgeworfen, er fördere den Egoismus in einer Weise, die der Gesellschaft als Ganzes schadet, da diejenigen, die die Produktionsmittel kontrollieren, kurzfristige Gewinne anstreben, um ihre Profite zu maximieren. Viele argumentieren, dass dies für die Menschheit und die Welt insgesamt schädlich ist. Kapitalisten entgegnen mit dem Standpunkt, dass der Mensch von Natur aus egoistisch ist und dass der Kapitalismus als System es ermöglicht, diesen angeborenen Egoismus zum Wohle der Menschheit zu nutzen. Es wird argumentiert, dass der Menschheit besser gedient ist, wenn man den Menschen erlaubt, ihre eigenen Interessen zu verfolgen. Zudem fördert die Privatisierung die Innovation innerhalb einer Gesellschaft, da die Unternehmen miteinander konkurrieren, um ein besseres Produkt auf den Markt zu bringen, um ihren eigenen persönlichen Gewinn zu steigern. Kapitalisten argumentieren auch, dass durch die Kollektivierung des Mehrwerts der Anreiz zu produktiven oder innovativen Tätigkeiten sinkt, da der Einzelne die Vorteile dieser wirtschaftlichen Aktivitäten nicht in dem Maße direkt erfahren kann, wie dies im Kapitalismus möglich ist.

PLANWIRTSCHAFT VS. FREIE MARKTWIRTSCHAFT

Planwirtschaft

Die Planwirtschaft oder auch Zentralverwaltungswirtschaft bezeichnet eine theoretische Wirtschaftsform, in der alle wirtschaftlichen Prozesse vom Staat geplant, gesteuert und kontrolliert werden. Es existiert bei dieser Wirtschaftsform eine Hierarchie, in der die Unternehmen und privaten Haushalte den Vorgaben und Regeln des Staates Folge zu leisten haben. Primäres Ziel dabei ist, eine faire Verteilung von Ressourcen, Gütern und Dienstleistungen zu schaffen. Im Gegenzug entwirft der Staat sogenannte Gesamtpläne, die strikten Regeln und Vorschriften zu Art und Menge der Produkte enthalten, die produziert und auf dem Markt angeboten werden dürfen. Dementsprechend existiert bei dem Wirtschaftssystem der Planwirtschaft auch kein freier Wettbewerb oder das System von Angebot und Nachfrage.

Dieses System hat enorme Auswirkungen auf die Unternehmer und deren Freiheit. Alle 5 Jahre erhält ein Unternehmer von der staatlichen Planungskommission einen 5-Jahresplan, in dem festgeschrieben steht, welche Ressourcen ihm zugewiesen und was und wie viel damit produziert werden soll. In einer Planwirtschaft gehören alle Produktionsmittel dem Staat, sie sind sogenanntes Kollektiveigentum. Aber auch private Haushalte haben mit den Auswirkungen einer solchen Wirtschaftsform zu kämpfen. Oft ist es so, dass wegen des beschränkten Angebots die Nachfrage das Angebot übersteigt, sodass beispielsweise in Supermärkten nur eine begrenzte Anzahl eines Gutes pro Person verkauft werden darf. Der Markt hat bei der Planwirtschaft nicht die Möglichkeit, sich auf ein Gleichgewicht einzupendeln, da Preis und Menge eines Gutes bereits in dem 5-Jahresplan definiert wurden. Auch auf dem Arbeitsmarkt gibt es in der Planwirtschaft strikte Vorschriften zur Anzahl von Arbeitsplätzen, daher ist die Berufswahl eingeschränkt.

Hauptgewinner bei der Planwirtschaft ist also der Staat, der alle Fäden in der Hand hält. Dank des Kollektiveigentums bestimmt er über die Herstellung von Produkten, deren Konsum und den Einsatz und die Verwendung der Arbeitskraft. Dieser enorme Einfluss des Staates und dessen

Kontrolle über alles bietet ihm jedoch im Gegenzug Planungssicherheit, um beispielsweise für stabile Preise von Gütern und Dienstleistungen zu sorgen, schränkt aber auch gleichzeitig die Freiheit der Gesellschaft enorm ein.

Länder, in denen heute noch eine Planwirtschaft betrieben wird, sind Kuba, Nordkorea und zum Teil China und Vietnam.

Freie Marktwirtschaft

Die freie Marktwirtschaft ist ebenfalls eine theoretische Wirtschaftsform, die das komplette Gegenteil zur Planwirtschaft darstellt. Bei dieser Theorie wird der Markt ausschließlich von Angebot und Nachfrage geregelt und nicht durch den Staat. Durch die Konkurrenz von Marktteilnehmern entwickeln sich Preise hinsichtlich der Marktgegebenheiten frei und ein vielfältiges Güterangebot entsteht. So entsteht ein stabiler, selbstregulierender Markt, ohne dass Eingriffe des Staates nötig sind. Das Prinzip der freien Marktwirtschaft geht auf *Adam Smith* zurück, der die These aufstellte, dass Unternehmen und Einzelpersonen durch Verfolgung ihrer eigenen Interessen der gesamten Volkswirtschaft helfen. So verkauft ein Händler sein Gut nicht, um Gutes zu tun, sondern sein Hauptinteresse liegt darin, Geld zu verdienen. Einen Nutzen ziehen die Konsumenten trotzdem daraus.

Dennoch muss auch für die freie Marktwirtschaft ein dezentraler Rahmen geschaffen werden, in dem die Unternehmen und Privathaushalte frei wirtschaften können. Dazu gehören z. B. offene Märkte, was bedeutet, dass jeder dort Güter nachfragen oder anbieten kann. Zudem befinden sich die Produktionsmittel in Privatbesitz, was dazu führt, dass die Entscheidungsgewalt über Investitionen und Prozesse allein bei den Unternehmern liegt. Weitere Merkmale der freien Marktwirtschaft sind die freie Berufswahl und die freie Preisbildung nach dem Schema von Angebot und Nachfrage. Für einen freien Wettbewerb müssen darüber hinaus ebenfalls Vertrags-, Gewerbe-, Konsum- und Investitionsfreiheit gelten. Dadurch können Konsumenten und Unternehmer an allen Märkten uneingeschränkt ökonomische Entscheidungen treffen. Da sich der Staat bei der freien Marktwirtschaft nicht einmischt, spricht man hier auch von einem Nachtwächterstaat. Seine einzige Aufgabe besteht darin, einen liberalen Rahmen zu schaffen und die Freiheiten jedes Einzelnen zu schützen. Die freie Marktwirtschaft ist ein theoretisches Modell und in der Wirklichkeit kaum umsetzbar. Daher ist diese Wirtschaftsform so in ihrer Reinform in keinem Land mehr existent.

Sehr stark an diesem Modell orientieren sind jedoch die Wirtschaftssysteme der USA und Großbritanniens, diese kommen der theoretischen Form der freien Marktwirtschaft am nächsten.

Vor- und Nachteile

Wie bei allen theoretischen Modellen gibt es auch bei den Wirtschaftssystemen der freien Marktwirtschaft und der Planwirtschaft Vor- und Nachteile.

Ein großer Vorteil der Planwirtschaft ist die Gleichbehandlung. Durch die gerechte Verteilung von Ressourcen werden Klassenunterschiede in der Gesellschaft nahezu beseitigt. Zudem geht die Arbeitslosenquote dank der detaillierten Gesamtpläne gegen null. Außerdem lenkt der Staat die Wirtschaft so, dass Konjunkturschwankungen gesenkt werden. Da der Staat einen guten Überblick hat, können wirtschaftliche Entwicklungen besser prognostiziert und die Gesamtpläne dementsprechend frühzeitig angepasst werden.

All diese Vorteile haben aber dennoch ihren Preis und gehen auf Kosten der Freiheit von Unternehmern und privaten Haushalten, die darin stark eingeschränkt werden. Diese Restriktionen führen häufig zu Korruption und Vetternwirtschaft. Zudem stagniert ohne Wettbewerb der Fortschritt. Es gibt für die Unternehmer keinen Grund mehr, neue Innovationen auf den Markt zu bringen oder bessere Produkte zu entwickeln als der Konkurrent. Fehlende Leistungsanreize führen zudem zu Qualitätsverlust. Generell ist eine Planwirtschaft sehr inflexibel. Es ist dementsprechend schwer, auf sich ändernde äußere Faktoren zu reagieren, wie z. B. extreme Witterungsbedingungen oder eine Pandemie. Das System ist außerdem sehr anfällig für Planungsfehler, denn sie betreffen immer die gesamte Volkswirtschaft. Auch das Prinzip der Gleichberechtigung wird in der Planwirtschaft nur teilweise erfüllt, da sich der Staat an dieser Wirtschaftsform selbst bereichert.

Ein großer Vorteil der freien Marktwirtschaft ist der Gewinnanreiz und die damit verbundene hohe Leistungsmotivation. Durch diese entsteht ein dynamischer Wettbewerb, der für ständig neue Produktinnovationen sorgt. Dadurch werden auf Märkten immer wieder verbesserte und neue Güter angeboten und der Fortschritt wird durch die Konkurrenz angekurbelt. Zudem arbeiten auch die Unternehmen wirtschaftlicher. Sie haben das dauerhafte Ziel, Güter günstiger zu produzieren und effizienter zu arbeiten, was im Endeffekt auch dem Gesamtvermögen des Landes zugutekommt. Auch soziale Vorteile, wie die individuellen Entfaltungsmöglichkeiten und die freie Arbeitsplatzwahl, sind gegeben.

Ein großer Nachteil einer freien Marktwirtschaft ohne Regulierung ist immer die Gefahr der Entstehung von Monopolen und starken Konjunkturschwankungen, denen ohne Wirtschaftspolitik in diesem Modell nicht entgegengewirkt wird. Zudem werden öffentliche Güter vom Staat in zu geringem Maß bereitgestellt.

Zu den gesellschaftlichen Nachteilen zählen die fehlende soziale und arbeitsrechtliche Absicherung, wie z. B. Arbeitslosengeld oder Mindestlöhne. Außerdem sorgt der dynamische Wettbewerb für hohe Einkommensunterschiede und mehr Arbeitslosigkeit.

Um den Nachteilen der freien Marktwirtschaft entgegenzuwirken, bedarf es zwangsläufig der Einmischung des Staates. Das Wirtschaftsmodell der **sozialen Marktwirtschaft** ist eine Erweiterung der rein marktlichen Theorie und versucht, die Nachteile einer freien Marktwirtschaft zu beseitigen, ohne auf die Vorteile dieser zu verzichten.

Diese Wirtschaftsform wird in Deutschland, aber auch in vielen anderen Ländern der EU genutzt.

Wirtschaftstheorie

Modelle & Theorien im Überblick

Die Wirtschaftstheorie ist ein Teilbereich der Volkswirtschaftslehre und beschäftigt sich mit der **Mikroökonomie**, der **Makroökonomie** und der **Außenwirtschaft** eines Landes. Während sich die Mikroökonomie mit den wirtschaftlichen Entscheidungen von privaten Haushalten und Unternehmen beschäftigt, umfasst die Makroökonomie die Auswirkungen dieser Entscheidungen im Großen und Ganzen. Die einzelnen Begriffe werden im Folgenden genauer erläutert.

Mikroökonomie

Die Mikroökonomie beschäftigt sich mit den Entscheidungen von Wirtschaftssubjekten, also Unternehmen und privaten Haushalten. Zudem werden auch die Prozesse an verschiedenen Märkten analysiert. Fragen, die sich in der Mikroökonomie stellen, sind z. B., wie ein Haushalt bei gegebenem Budget seinen Nutzen maximieren kann oder mit welcher Kombination an Input-Faktoren ein Unternehmen den optimalen Output hat.

Zu den Themen der Mikroökonomie gehören

- die **Haushaltstheorie** (Nutzenmaximierung bei begrenztem Budget),
- die **Produktionstheorie** (Gewinnmaximierung und Produktionskostenminimierung),
- die **Preistheorie** (Bestimmung des optimalen Preises je nach Marktsituation) und
- das **Marktversagen** (externe Faktoren und Monopole führen zu einem Marktungleichgewicht, welches behoben werden muss).

Bei den Modellen der Mikroökonomie geht man davon aus, dass es sich bei den Beteiligten um einen sogenannten *Homo oeconomicus* handelt, d. h., es handelt sich um ein Menschenbild, das auf bestimmten Annahmen und Eigenschaften basiert. Er trifft rationale Entscheidungen und handelt nutzenmaximierend. Das Äquivalent zur Nutzenmaximierung bei Konsumenten ist die Gewinnmaximierung bei Produzenten.

Makroökonomie

In der Makroökonomie wird die Wirtschaft eines Landes als Ganzes betrachtet. Die Beteiligung des Staates an wirtschaftlichen Prozessen und auch der Einfluss des Auslands spielen dabei ebenfalls eine wichtige Rolle. Es wird beispielsweise analysiert, wie sich die Geldpolitik auf die Konjunktur auswirkt oder warum die Wirtschaft einiger Länder boomt, während andere Länder die Armutsschwelle nicht überschreiten können.

Entscheidungen auf dieser Ebene werden anhand von makroökonomischen Modellen, wie dem Keynesianismus oder dem Monetarismus, gefällt, die die Realität bestmöglich abbilden. Damit bilden sie die empirische Grundlage für Entscheidungen der Wirtschaftspolitik. Dennoch stellen sie oft die Realität nur sehr vereinfacht dar.

DIE KLASSISCHE NATIONALÖKONOMIE

Eine klassische Wirtschaftstheorie ist das System der klassischen Nationalökonomie. In diesem Modell gelten die Annahmen der Mikroökonomie von Angebot und Nachfrage. Um die besten Ergebnisse zu erzielen, soll die Wirtschaft möglichst *liberal*, also frei, gestaltet werden. Die Rolle des Staates ist dabei auf ein Minimum reduziert, sodass sich der Wettbewerb frei entfalten kann. Dies führt dazu, dass die Qualität und die Quantität der Güter zugunsten der Konsumenten verändert wird.

Als Urvater und Begründer der klassischen Nationalökonomie gilt der Philosoph *Adam Smith*. Er stellte die folgenden Grundannahmen bezogen auf die klassische Nationalökonomie auf, die in den folgenden Kapiteln weiter erläutert werden:

- Die unsichtbare Hand
- 3 zentrale Produktionsfaktoren
- Der Mensch als *Homo oeconomicus*
- Die Arbeitsteilung
- Die Unabhängigkeit des Geldes
- Die wichtige Rolle des Außenhandels
- Die passive Rolle des Staates

Steckbrief: Adam Smith & John Locke

Adam Smith und seine Ansichten:

Als Urvater der klassischen Nationalökonomie bekannt, lebte Adam Smith von 1723 bis 1790 in Großbritannien und prägte von dort aus wesentlich die moderne ökonomische Theorie.

An der Universität hatte Smith zum ersten Mal Kontakt mit der Ökonomie. Hier studierte er Latein, Griechisch, Mathematik und Moralphilosophie, deren Teilgebiet von der „Lehre des richtigen Haushaltens" handelt und die damit Grundlagen des ökonomischen Denkens beinhaltete. Einige Zeit nach seinem Studium erhielt er dann eine Dozentenstelle in Glasgow und lehrte dort die Moralphilosophie. Sein wichtigstes Werk „Wohlstand der Nationen" war auch seine erfolgreichste wissenschaftliche Arbeit. Dieses Buch war damals gleichbedeutend mit der Bibel oder dem Werk „Kapital" von Karl Marx. Mit diesem Werk nahm er enormen Einfluss auf die ökonomische Entwicklung.

Smith vertrat unter anderem die Ansicht, dass Geld nicht gleich Reichtum eines Landes bedeutet. Er sieht Geld als Mittel, um den Tauschhandel zu erleichtern. Deshalb spricht er auch von einem Tauschwert-Preis, dem wirklichen Preis von Gütern, um den der Marktpreis pendelt.

In seinem Werk „Theorie der ethischen Gefühle" dreht sich alles um die Sympathie des Menschen, sie sei die moralische Begründung des Kapitalismus. Er schreibt: „Wie selbstsüchtig der Mensch auch immer eingeschätzt werden mag, so liegen doch offensichtlich bestimmte Grundveranlagungen in seiner Natur, die ihn am Schicksal anderer Anteil nehmen lassen" (Smith, 1759). Smith glaubt, dass ohne den Egoismus und die Eigenliebe der Menschen eine freie Marktwirtschaft nicht möglich wäre. Dies sei eine positive Eigenschaft, die Achtung verdiene. Dennoch fordert er Gesetze, die die Eigenliebe eindämmen und nicht ausufern lässt, ohne das Streben nach persönlichem Wohlstand zu unterdrücken. Das Grundprinzip der freien Marktwirtschaft war geboren.

John Locke

Auch der englische Philosoph John Locke (1632-1704) hatte erheblichen Einfluss auf die Entwicklung der klassischen Nationalökonomie. Er gilt als Begründer des Empirismus und ist damit Vorreiter der Aufklärungsphilosophie.

Locke schuf ein Gesamtwerk, das sich mit vielfältigen Themen beschäftigt. Seine Schriften befassen sich mit den Bereichen der Erkenntnistheorie, der Rechts- und Staatsphilosophie, der Ökonomie, den Finanzwissenschaften, der Mathematik, der Medizin, der Pädagogik, der Theologie und der Kirchenpolitik, die enormen Einfluss auf seine Zeitgenossen ausübten.

Zu den bedeutenden Leistungen von Locke in der Ökonomie zählen seine modernen bürgerlichen Ideen und Vorstellungen, in welchen er freiheitliche Zustände in Politik, Gesellschaft und Wirtschaft forderte. Die Basis für die klassische ökonomische Theorie war gelegt und diese wurde wesentlich auf den Fundamenten seines Gesellschaftsverständnisses aufgebaut.

Die unsichtbare Hand

Die unsichtbare Hand des Marktes wird in der Wirtschaftstheorie als Metapher verwendet. Nach *Adam Smith* sorgt eigennütziges Handeln der Individuen automatisch auch für eine optimale volkswirtschaftliche Entwicklung und eine Verbesserung des Allgemeinwohls. Es profitieren also alle Menschen davon, wenn eine Einzelperson nur aus eigenem Interesse handelt.

Eine Privatperson möchte z. B. ihren Gewinn maximieren und entschließt sich, eine Bäckerei zu eröffnen. Davon profitiert nicht nur die Person mit der Bäckerei, sondern auch die Konsumenten, die nun ihre Brötchen dort einkaufen können. Der Markt reguliert und optimiert sich also völlig von selbst, wie durch eine unsichtbare Hand. Diese Theorie bildet die Grundlage der klassischen Nationalökonomie sowie der freien Marktwirtschaft, in der man den Wirtschaftssubjekten möglichst viele Freiheiten lässt. So soll ebenfalls der Wohlstand der allgemeinen Volkswirtschaft gesteigert werden.

Würde der Staat in diesem Modell nun in Form von Restriktionen für die Marktteilnehmer eingreifen, so könnten diese nicht nutzenmaximierend handeln, was dem Markt und damit der gesamten Wirtschaft des Landes schadet. In der Kritik steht dieses Grundprinzip, da völlige Handlungsfreiheit auch immer zur Ausbeutung anderer führe.

Produktionsfaktoren

Produktionsfaktoren sind materielle oder immaterielle Dinge, die bei der Herstellung von Gütern eingesetzt werden. Allgemein bezeichnet man diese auch als Inputfaktoren. In dem Modell der klassischen Nationalökonomie wird zwischen 3 unterschiedlichen Arten von Produktionsfaktoren unterschieden: Arbeit, Kapital und Boden. Wer Zugang zu diesen hat, kann am Markt als Unternehmer teilnehmen. Dennoch treten die Produktionsfaktoren nur begrenzt auf und haben daher ihren Preis.

<u>Arbeit:</u> Die von Menschen angebotene Arbeitskraft wird in der klassischen Nationalökonomie auch als Humankapital bezeichnet. Nimmt ein Unternehmer die Arbeitskraft einer Person in Anspruch, wird diese dafür entlohnt, indem sie einen Lohn erhält.

<u>Boden:</u> Der Boden steht ganz allgemein für alle natürlichen Ressourcen. Dazu gehören alle Ökosysteme, aus denen Rohstoffe gewonnen werden, wie z. B. Flüsse, Wälder oder die Felder eines Landwirts. Der Preis für den Boden wird als Bodenrente bezeichnet. Dabei handelt es sich z. B. um die Pacht für Felder oder Wiesen. Im weitesten Sinne gehören zu dem Produktionsfaktor Boden auch das Grundstück des Unternehmens sowie die darauf stehenden Gebäude.

<u>Kapital:</u> Als Kapital werden nicht nur die Mittel in Form von Geld bezeichnet, sondern auch Fahrzeuge, Maschinen und technisches Wissen. Der Preis für das Kapital wird als Zins bezeichnet.

Homo oeconomicus

Auch in der klassischen Nationalökonomie wird von einem Menschenbild ausgegangen, dem *Homo oeconomicus*, welches nicht ganz dem realistischen Handeln von Menschen entspricht. Er ist ein Modell des rationalen Nutzenmaximierers, das noch heute genutzt wird, um wirtschaftliche Zusammenhänge zu erklären und zu analysieren. Dabei geht es um ein Menschenbild, welches auf unterschiedlichen Annahmen und Eigenschaften basiert. Dazu gehören:

- **Rationales Handeln**
  - alle Entscheidungen werden ohne Emotionen mit dem Verstand getroffen und der Zweck des Handelns steht immer im Vordergrund
- **Nutzenmaximiertes Handeln**
  - mit einem begrenzten Budget wird immer die Alternative gewählt, die den größten Nutzen bringt
- **Festgelegte Präferenzen**
  - persönliche Präferenzen werden nicht über externe ökonomische Faktoren gestellt
- **Vollständige Information**
  - über Handlungsalternativen sind alle Informationen bekannt

Aufgrund dieser Eigenschaften steht das Modell jedoch auch in der Kritik, da es als realitätsfern bezeichnet wird. Zudem handelt der Mensch nicht immer rational und lässt sich häufig von seinen Emotionen leiten. Auch der Punkt der vollständigen Information ist der Realität sehr fern, da man bei der Fülle an Angeboten nicht über jedes einzelne Angebot Bescheid wissen kann.

Arbeitsteilung

In Smiths Werk „Wohlstand der Nation“ stehen die Markt- und die Preistheorie im Fokus. Diese sind bis heute die Grundlage der Lehre der Marktwirtschaft. Smith schreibt in seinem Buch: „Die jährliche Arbeit eines Volkes ist die Quelle, aus der es ursprünglich mit allen notwendigen und angenehmen Dingen des Lebens versorgt wird.“ (Smith 1776). Ein weiterer wichtiger Punkt, der in seinem Werk diskutiert wird, ist die Arbeitsteilung, welche laut Smith die Menschen voneinander abhängig macht. Sie müssen Waren voneinander kaufen, um leben zu können. Dabei haben sie ebenfalls mit den Preisen von Gütern zu tun und nehmen am Prozess der Preisentwicklung teil.

Der Preis eines Gutes beschreibt dessen „Tauschwert“. Den Tauschwert-Preis nennt Smith den wirklichen Preis. Um diesen Tauschwert-Preis kreist ebenfalls der Marktpreis. Den Wert eines Gutes sah Smith in der

„Menge Arbeit", die nötig war, um das entsprechende Gut zu produzieren. Smith unterteilt den Wert der Arbeit deshalb in

- Lohn für die Arbeitskraft,
- Gewinn für den Unternehmer,
- Wert für den Eigentümer des Bodens.

Für Smith galt deshalb: Die Arbeiter schaffen den Wert der Ware. Smith deutet damit die Ausbeutung der Arbeiter an, welche später von *Karl Marx* aufgegriffen und in der Ausbeutungstheorie festgehalten wurde. Smith verteufelt jedoch nicht den Unternehmergewinn. Profit ist für den Unternehmer wichtig, da dieser sonst kein Interesse am Verkauf von Ware hat.

Rolle des Staates

Im klassischen Ansatz besteht die Grundannahme, dass sich die Wirtschaft eines Staates auch in Krisenzeiten selbst reguliert. Durch das Prinzip der unsichtbaren Hand regelt sich der Markt von selbst. Ein Eingreifen seitens des Staates würde hier nur zu weniger Effizienz führen. Dennoch verbleiben Aufgaben wie die Verteidigung des Landes, die Bildung oder das Bankwesen beim Staat. Dafür werden von jedem Bürger Steuern gezahlt. Zudem soll der Staat dafür sorgen, dass die Wettbewerbsbedingungen fair bleiben und sich keine Monopole bilden.

Freihandel

Der freie Handel und damit auch der Handel mit dem Ausland soll nach dem Modell der klassischen Nationalökonomie uneingeschränkt ermöglicht werden. Durch offene Grenzen wird es ermöglicht, Handel mit dem Ausland zu betreiben. Das bringt den Vorteil einer Spezialisierung auf bestimmte Güterarten und hat ebenfalls eine kostengünstigere Produktion zur Folge.

Ein liberales Wirtschaftssystem

Die klassische Nationalökonomie ist ein Wirtschaftssystem mit wenigen Einschränkungen und die Selbstverantwortung der Menschen in der Volkswirtschaft wird unterstützt. Es ist ein Ansatz, der als liberal bezeichnet wird. Ist ein Land in einer Krise, d. h., die wirtschaftliche Leistung sinkt und die Arbeitslosenquote steigt, so gibt es verschiedene Möglichkeiten, damit umzugehen. Der klassisch liberale Ansatz besagt, dass der Staat dennoch nicht unterstützend eingreifen soll.

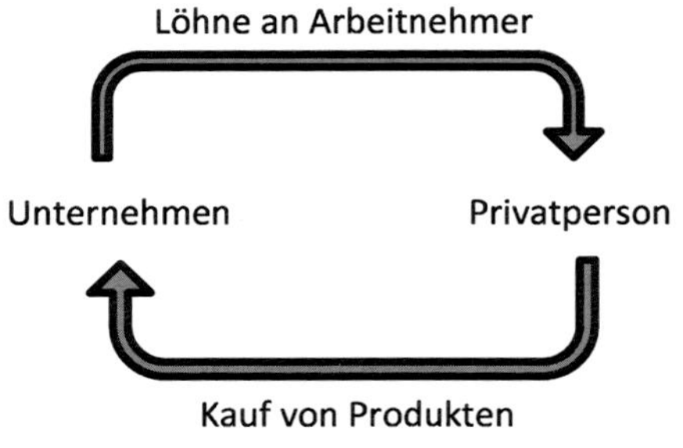

Man geht davon aus, dass Unternehmen an die arbeitenden Menschen Löhne zahlen und diese von ihrem Gehalt wiederum Produkte kaufen. Es handelt sich hierbei um einen Kreislauf, der trotz einer Krise nicht aus dem Gleichgewicht gebracht werden kann. Das Angebot schafft seine eigene Nachfrage und der Markt bringt sich so selbst ins Gleichgewicht. Ein Eingreifen seitens des Staates ist also nicht nötig. Gleiches gilt ebenfalls für den Arbeitsmarkt. Auch dieser wird durch Angebot und Nachfrage geregelt. Man hat also einen Gleichgewichts*lohn* und eine Gleichgewichts*menge* an Arbeitskraft. Wenn allerdings in einer Wirtschaftskrise die Nachfrage nach Arbeitskraft sinkt, so verschiebt sich die gesamte Nachfragekurve parallel nach links.

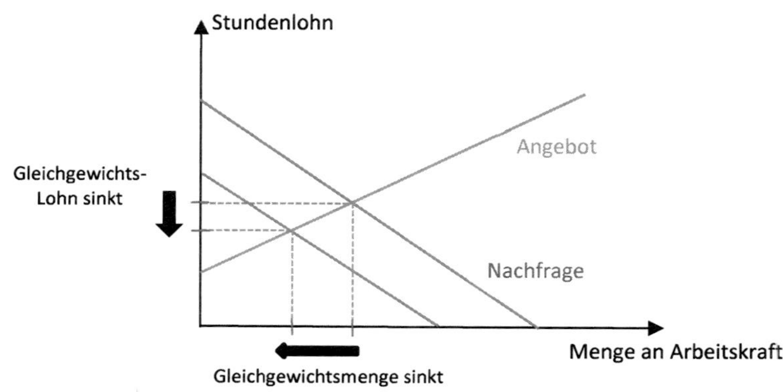

Daraus ergibt sich ein neuer Gleichgewichtslohn genauso wie eine neue Gleichgewichtsmenge. Dieser Lohn liegt dann folglich unterhalb des alten Gleichgewichtslohns, dennoch besteht ein Marktgleichgewicht. Das bedeutet, dass Nachfrage und Angebot übereinstimmen, da für den neuen niedrigeren Lohn auch weniger Menschen bereit sind, zu arbeiten. Folglich hat auch jeder, der arbeiten möchte, eine Arbeitsstelle. Dementsprechend ist auch hier kein staatlicher Eingriff notwendig.

Kritik an diesem System gibt es, da Menschen in Krisenzeiten nicht ihren kompletten Lohn für Güter ausgeben. Es handelt sich also nicht um einen geschlossenen Kreislauf, wie in der Graphik angenommen. Gerade Zeiten einer Krise bewegen Menschen dazu, ihr Geld auf die Bank zu bringen und zu sparen. Man hat demnach einen sogenannten Nachfrageausfall. Das Geld wird nicht sofort wieder für Konsum ausgegeben. Man kommt zu der Annahme, dass Märkte demzufolge instabil sind, man bezeichnet dies auch als Instabilitätshypothese. Daher entwickelten sich andere Theorien wie der Keynesianismus, die mit solchen Krisensituationen anders umgehen.

DIE KEYNESIANISCHE THEORIE

Der Keynesianismus ist ein wirtschaftspolitischer Ansatz von *John Maynard Keynes* (1883-1946).

Steckbrief: John Maynard Keynes

John Maynard Keynes wurde 1883 als Sohn eines Professors in Cambridge geboren. Er trat mit seinem Studium in die Fußstapfen seines Vaters und entwickelte sich zu einem der einflussreichsten Ökonomen des 20. Jahrhunderts. Seine Ideen haben die Makroökonomie und die Wirtschaftspolitik grundlegend verändert. Er erarbeitete nicht nur den Keynesianismus als Wirtschaftstheorie, sondern untersuchte auch die Ursachen von Konjunkturschwankungen und baute diese Ideen in seine Theorie mit ein.

Der Fokus liegt auf der gesamtwirtschaftlichen **Nachfrage**, man bezeichnet diese Theorie deshalb auch als nachfrageorientierte Wirtschaftsform. Der Grundgedanke zielt auf die Beseitigung kurzfristiger Gleichgewichtsstörungen ab, die zu unerwarteten Schwankungen bei Produktion und Beschäftigung führen. In der keynesianischen Theorie werden die Angebots- und die Produktionsmenge der Unternehmen bestimmt, was sich wiederum auf die Beschäftigungslage auswirkt. Davon wiederum ist die Kaufkraft der Privathaushalte abhängig. Das Eingreifen des Staates in die Wirtschaft bei Rezession oder wirtschaftlichem Boom ist ein wichtiges Mittel, um die Wirtschaft im Gleichgewicht zu halten, und erfolgt antizyklisch. Was dies im Einzelnen bedeutet und was die entsprechenden Zusammenhänge sind, wird im Folgenden beschrieben.

Orientierung an der Nachfrage

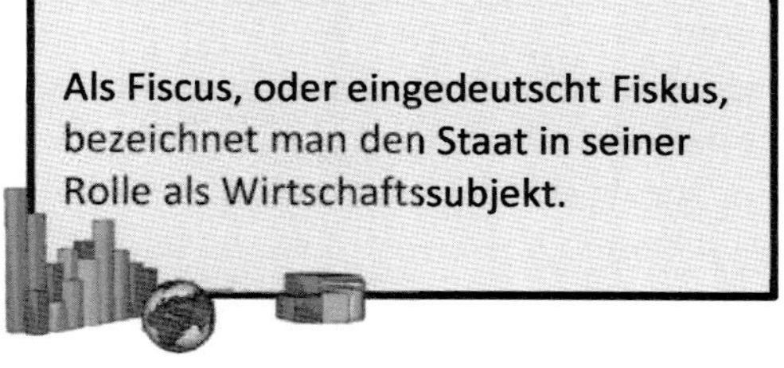

Der Keynesianismus beschreibt die nachfrageorientierte wirtschaftspolitische Lage und das direkte Eingreifen des Staates in die Marktwirtschaft. Die nachfrageorientierte Politik wird auch als **Fiskalismus** bezeichnet, der Fiskus ist hierbei der Staat bzw. der Staatshaushalt. Die gesamtwirtschaftliche Lage von Privathaushalten und Unternehmen steht hier im Mittelpunkt.

Bei Privathaushalten umfasst das beispielsweise die Nachfrage nach Konsumgütern des täglichen Bedarfs, wie Lebensmittel, Kleidung etc., bei Unternehmen die Nachfrage nach Investitionsgütern, wie Grundstücke, Maschinen, Immobilien etc.

Entsprechend der gesamtwirtschaftlichen Nachfrage passen die Unternehmen die Produktions- sowie Angebotsmengen an. Je nach wirtschaftlicher Lage ist das Angebot hoch oder niedrig, wovon der Beschäftigungsgrad von Mitarbeitern abhängig ist. Folglich haben private Haushalte entweder mehr oder weniger Geld für den Konsum zur Verfügung, was sich dann wieder auf die gesamtwirtschaftliche Nachfrage auswirkt. Geht es der Wirtschaft eines Landes gut, dann ist auch die Nachfrage hoch, geht es der Wirtschaft schlecht, so ist auch die Nachfrage gering. In letzterem Fall muss laut Keynes der Staat eingreifen, um die Wirtschaft konstant zu halten. Das geschieht antizyklisch zum Konjunkturzyklus, d. h., der Staat kurbelt die Wirtschaft mit Investitionen an, wie z. B. im Straßenbau etc. Wenn es der Wirtschaft wieder gut geht, baut der Staat die Schulden wiederum ab.

Was passiert, wenn der Staat nicht eingreift?

Wirtschaftlicher Aufschwung/Boom:

Die Wirtschaft boomt, die privaten Haushalte haben viel Geld zur Verfügung, die gesamtwirtschaftliche Nachfrage ist sehr hoch. Das veranlasst die Unternehmen, ein größeres Angebot zu schaffen, also die Produktion zu erhöhen. Dafür werden mehr Mitarbeiter benötigt und der Beschäftigungsgrad nimmt zu. Die Folge ist eine höhere Kaufkraft, da die Privathaushalte nun noch mehr Geld zum Konsumieren zur Verfügung haben – die Produktion und das Angebot müssen weiter gesteigert werden. Dazu werden noch mehr Mitarbeiter benötigt und eingestellt. Der Kreislauf setzt sich immer weiter fort und führt letztlich zur Vollbeschäftigung.

Wirtschaftlicher Abschwung/Rezession:

Ist die wirtschaftliche Lage eines Landes schlecht und befindet es sich in einer Rezession, dann ist die gesamtwirtschaftliche Nachfrage gering. Unternehmen müssen ihre Angebote reduzieren und setzen die Produktion herunter, was folglich zu Entlassungen der Mitarbeiter führt. Die privaten Haushalte haben nunmehr wenig Geld zur Verfügung und es wird nur noch das Nötigste gekauft und gespart. Somit sinkt die gesamtwirtschaftliche Nachfrage, Produktion und Angebote werden weiter gesenkt und immer mehr Mitarbeiter müssen entlassen werden. Dieser Prozess setzt sich immer weiter fort. Im Keynesianismus greift nun der Staat in der Abwärtsspirale in die Wirtschaft ein. In der schlechten Konjunkturlage soll der Staat *antizyklisch* reagieren, d. h., der Staat beginnt, Geld auszugeben, beispielsweise im Straßenbau oder in der Renovierung oder Sanierung öffentlicher Gebäude. Dadurch wird die Wirtschaft wieder angekurbelt und die gesamtwirtschaftliche Nachfrage steigt. Das Angebot und die Produktion müssen wieder erhöht und mehr Mitarbeiter müssen beschäftigt werden. Die Kaufkraft steigt und die privaten Haushalte haben mehr Geld zum Konsumieren zur Verfügung. Der wirtschaftliche Aufschwung startet. Jetzt beginnt der Staat abermals, antizyklisch zu agieren. Während Privathaushalte wieder mehr Geld ausgeben, beginnt der Staat, zu sparen, um die Schulden abzutragen, die während der Rezession gemacht wurden. Das ist beispielsweise auch der Grund für Steuererhöhungen.

DER MONETARISMUS NACH MILTON FRIEDMAN

Die Wirtschaftstheorie des Monetarismus wurde in den 1960er und 1970er Jahren entwickelt und geht zurück auf den amerikanischen Ökonom *Milton Friedman* (1912-2006).

Steckbrief: Milton Friedman

Der US-amerikanische Wirtschaftswissenschaftler Milton Friedman gilt neben Keynes als einer der bedeutendsten Wirtschaftswissenschaftler des 20. Jahrhunderts. Mit fundamentalen Arbeiten auf den Gebieten der Makro- und Mikroökonomie sowie der Wirtschaftsgeschichte und der Statistik und besonders als Berater des US-Präsidenten Ronald Reagans nahm er großen Einfluss auf die Wirtschaftspolitik. Zudem wurde er für seine Arbeit 1976 mit dem Nobelpreis für Wirtschaftswissenschaften ausgezeichnet.

Der Monetarismus stellt den Gegenentwurf zu der keynesianischen Theorie dar und wird deshalb auch als angebotsorientierte Wirtschaftstheorie bezeichnet. Angebotsorientiert bedeutet, dass das Wachstum einer Volkswirtschaft und der Grad der Beschäftigung, also der Anteil der arbeitenden Bevölkerung, von der Vielzahl der gegebenen Angebote abhängig gemacht werden. Im Fokus dieser Theorie steht also das **Angebot**. Das Ziel ist es, denjenigen, die in der Volkswirtschaft die Angebote erstellen (Unternehmer, Arbeitgeber und Produzenten), das Leben möglichst einfach zu machen und ihnen viele Freiheiten zu gewähren. Folgende Maßnahmen werden in einer angebotsorientierten Wirtschaftsform durchgesetzt:

- Steuersenkungen für Unternehmen
- eine Flexibilisierung des Arbeitsmarktes (der Arbeitgeber kann Personen leichter einstellen, aber auch wieder kündigen, sodass dieser flexibler auf die Nachfrage reagieren kann)
- Wettbewerbssicherung
- Abbau von Staatsschulden (ansonsten tritt der Staat als Nachfrager

auf dem Kapitalmarkt auf und treibt so Kreditzinsen für Unternehmen in die Höhe)

- Reduzierung von Sozialleistungen (um Menschen zum Arbeiten zu animieren)
- Stabile und verlässliche Geldpolitik (Quantitätstheorie)

In dieser Wirtschaftsform folgt man im Gegensatz zur nachfrageorientierten Wirtschaftsform der Annahme, dass die Märkte stabil sind und sich selbst regulieren. Man bezeichnet das auch als Stabilitätshypothese. Das Einzige, was man dafür tun muss, ist, die Unternehmen zu unterstützen und gute Rahmenbedingungen für diese zu schaffen.

Die **Quantitätstheorie** ist eine der wichtigsten theoretischen Prinzipien im Monetarismus. Ihr zufolge korreliert die im Umlauf befindliche Geldmenge mit den Schwankungen des wirtschaftlichen Wachstums. Sie soll folglich von den Zentralbanken so gesteuert werden, dass Konjunkturschwankungen abgeschwächt werden und so eine stetige positive Wirtschaftsentwicklung gewährleistet wird.

Ablehnung erfahren im Monetarismus jegliche Eingriffe des Staates. Solche Maßnahmen, wie z. B. Steuererhöhungen in Phasen des wirtschaftlichen Aufschwungs oder die Steigerung der Staatsausgaben in Phasen des wirtschaftlichen Abschwungs, wirken nach der Meinung der Monetaristen nicht stabilisierend auf die Wirtschaftslage, sondern verstärken die Extreme weiter. Folglich gilt: Je weniger der Staat also in die Wirtschaft eingreift, desto besser ist es für die wirtschaftliche Stabilität eines Landes.

Die Basis für eine stetige Steigerung der Wirtschaft sehen die Monetaristen somit in der Selbstregelungskraft des Marktes über Angebot und Nachfrage und in der an der volkswirtschaftlichen Produktion orientierten Steuerung der Geldmenge durch die Zentralbank.

DER MARXISMUS – PLANWIRTSCHAFT & SOZIALISMUS

Der Marxismus, benannt nach dem deutschen Philosophen *Karl Marx*, ist eine Wirtschafts- und Gesellschaftstheorie, bei der der **Zusammenhalt der Gesellschaft** im Vordergrund steht. Entwickelt wurde diese Theorie in Zusammenarbeit von Karl Marx und Friedrich Engels. Größte Kritik am kapitalistischen System waren laut Marx, dass die Arbeiter die wirtschaftliche Leistung des Landes erbringen, die Unternehmer jedoch die Gewinne abgreifen.

Steckbrief: Karl Marx

Karl Marx (1818-1895) war ein bedeutender deutscher Wissenschaftler, Philosoph und Journalist. Nach seinem Abschluss in den Fächern Rechtswissenschaften, Philosophie und Geschichte arbeitete Marx zunächst als Journalist für die „Rheinische Zeitung". Ab 1843 ging Marx nach Paris und beschäftigte sich mehr mit der Nationalökonomie und setzte sich mit den französischen Frühsozialisten auseinander. Dort begann ebenfalls die Freundschaft mit Friedrich Engels, zusammen verfassten sie das Werk „Das Kommunistische Manifest", welches 1848 veröffentlicht wurde. Wegen seines politischen Engagements wurde er aus Deutschland ausgewiesen und lebte ab 1849 im Exil in London. Zu seinen bedeutendsten Werken gehören auch „Zur Kritik der politischen Ökonomie" (1859) und „Das Kapital" (1867). Einer der größten Kritikpunkte laut Marx an dem kapitalistischen System sind die kapitalistischen Produktionsverhältnisse und die Arbeitsteilung. Nach der Auffassung von Marx führen diese zur weiteren Steigerung der Arbeitsteilung der Gesellschaft, was wiederum zur Folge hat, dass die Wirtschaft eines Landes sowie dessen Reichtum nur von der Arbeiterklasse abhängen. Zudem bereichern sich an diesem System nur einige wenige Kapitalisten.

Im Marxismus fließen sowohl wirtschaftliche, aber auch politische und gesellschaftliche Ideen mit ein. Das Hauptproblem des Kapitalismus sieht Marx darin, dass nur einige wenige von den wirtschaftlichen Gewinnen profitieren. Diese nennt er die Kapitalisten. Lösung des Problems ist die

Abschaffung des Privateigentums, sämtlicher Besitz soll an die Gesellschaft übergeben werden, sodass die Menschen nicht mehr für das Wohl des Einzelnen arbeiten, sondern für das Wohl des Kollektivs. Auch Konkurrenzdenken und das Prinzip der unsichtbaren Hand werden vom Marxismus gänzlich abgelehnt. Zudem wird im Marxismus stark die Ausbeutung der Arbeiter kritisiert, sodass es zu den ersten Entwürfen von Arbeiterrechten kommt. Eine Klassengesellschaft wird ebenfalls abgelehnt.

Nach dem Sturz des russischen Zarenreichs entwickelte sich der Marxismus zum Marxismus-Leninismus weiter. Lenin beschäftigte sich viel mit den marxistischen Theorien, empfand diese aber noch nicht als ausgereift genug, um sie wirklich politisch realisieren zu können. Der signifikante Unterschied zwischen beiden Theorien ist, dass Marx die Kontrolle bei der Arbeiterschicht sah, Lenin die Kontrolle jedoch der kommunistischen Partei übertrug, die dennoch im Interesse der Arbeiter und Bauern handeln solle.

Beispielländer, in denen der Marxismus-Leninismus umgesetzt wurde, waren fast alle Staaten des Warschauer Paktes, wie z. B. die DDR, die Tschechoslowakei oder Polen. Nach dem Tod Lenins wurde der Marxismus-Leninismus vom Stalinismus abgelöst.

Stalinismus

Der Stalinismus umfasst die Herrschaftszeit von *Joseph Stalin* (1924-1953). Die Herrschaft war hauptsächlich von Terror und Gewalt gegen alle Bevölkerungsgruppen in der Sowjetunion geprägt. Grundlage des Stalinismus stellte der Marxismus-Leninismus dar, der zum diktatorischen Herrschaftssystem der Sowjetunion weiterentwickelt wurde. Während nach Marx' Annahme eine gemeinsame Auflehnung der Proletarier aller Länder zum gewünschten Ziel führt, ging Stalin davon aus, dass der Sozialismus zunächst nur in einem Land, nämlich der Sowjetunion, realisiert werden könne. Dennoch wird der Stalinismus von einigen Wissenschaftlern als Teil des Marxismus-Leninismus bezeichnet, andere zweifeln diese Theorie stark an.

Blickpunkt Deutschland

Die soziale Marktwirtschaft

Die soziale Marktwirtschaft gilt seit den 50er Jahren als deutsche Wirtschaftsform. Dieses moderne Wirtschaftssystem ist vor allem in Mitgliedsländern der Europäischen Union verbreitet. Ebenso wie die freie Marktwirtschaft lebt die soziale Marktwirtschaft vom **Wettbewerb**. Der Begriff „sozial“ steht dabei für die folgenden Ziele, die vor allem durch den Staat durchgesetzt werden sollen:

- Gesicherte Freiheit
- Soziale Sicherheit und Gerechtigkeit

Ludwig Erhard, der Umsetzer der Wirtschaftsform, fasste diese unter dem Überziel „Wohlstand für alle“ zusammen.

Steckbrief: Ludwig Erhard

Ludwig Erhard (1897-1977) war ein deutscher Politiker (CDU) und Wirtschaftswissenschaftler und wird als Vater der sozialen Marktwirtschaft bezeichnet. Dieses Wirtschaftssystem wurde in Deutschland eingeführt, als Erhard Wirtschaftsminister war. Mit seinem Ziel „Wohlstand für alle!" gilt Erhard bei vielen als Schöpfer des deutschen Wirtschaftswunders. Neben seiner wirtschaftlichen Karriere war Erhard 1957-1963 Vizekanzler und 1963-1966 der 2. Bundeskanzler der Bundesrepublik Deutschland. 1966 übernahm Erhard den CDU-Bundesvorsitz von Konrad Adenauer.

Die Grundprinzipien zeigen, dass die soziale Marktwirtschaft von der freien Marktwirtschaft abstammt. Der größte Unterschied der beiden Systeme ist, dass der Staat versucht, die Nachteile der freien Marktwirtschaft auszumerzen, indem er versucht, durch Eingriffe in den sich selbst regulierenden Markt z. B. Konjunkturschwankungen oder die Bildung von Monopolen abzufangen und zu verhindern. Dabei soll allerdings auf die Vorteile der freien Marktwirtschaft nicht verzichtet werden.

Stellt man die Wirtschaftsform anhand einer Linie dar, während links alles dezentral vom Markt bestimmt wird und freier Wettbewerb herrscht und sich rechts eine Wirtschaftsform befindet, die rein zentral von der Regierung geregelt wird, so kann man die Länder anhand ihrer Wirtschaftsform auf dieser Linie einordnen. Dabei befinden sich Länder mit einer freien Marktwirtschaft weit links, wie z. B. die USA, deren Wirtschaftssystem der freien Marktwirtschaft am nächsten kommt. Länder mit Wirtschaftssystemen wie der Planwirtschaft befinden sich weit rechts auf der Linie. Ein Land mit dieser Wirtschaftsform wäre z. B. Nordkorea. Die Länder Europas, mit einer Anpassung der sozialen Marktwirtschaft als Wirtschaftssystem, versuchen nun, einen guten Kompromiss zwischen einem Eingreifen des Staates und einem freien Wettbewerb zu finden. Sie befinden sich in Tendenz zur Mitte im Vergleich zu den vorherigen Beispielen. Dabei variiert allerdings die Position der Länder – je nachdem, wie viele Freiheiten sie dem Markt gewähren und wie viele Eingriffe des Staates sie zulassen.

Dennoch kann man sagen, dass es bei allen sozialen Marktwirtschaften eine freie Preisbildung nach dem Schema von Angebot und Nachfrage gibt. Dafür müssen sich die Produktionsmittel im Privatbesitz der Unternehmen befinden, sonst hätten diese wiederum kein uneingeschränktes Bestimmungsrecht. Zudem hat auch jeder Bürger eine freie Berufswahl. Diese Merkmale gelten 1:1 auch für die freie Marktwirtschaft. Ein großer Unterschied zwischen freier und sozialer Marktwirtschaft liegt in der **Sozialpolitik**. In der sozialen Marktwirtschaft gibt es Sicherungssysteme, wie z. B. die Arbeitslosenversicherung, das Kindergeld, Mutterschutz oder die gesetzliche Rentenversicherung. Auch Regionen und Wirtschaftssektoren werden gemäß der Strukturpolitik mithilfe von Subventionen geschützt. Eine weitere Gemeinsamkeit aller sozialen Markwirtschaften ist die Bedeutung von Geld als Steuerungsmittel gegen zu starke Konjunkturschwankungen. Dazu benutzt der Staat die Fiskalpolitik, mit der er durch das Anheben und Senken der Steuern und Staatsausgaben für mehr Stabilität in der Wirtschaft sorgt. Zusätzlich gibt es Einschränkungen in den folgenden Punkten:

- **Konsumfreiheiten** (z. B. ist der Konsum von Rauschmitteln in Deutschland verboten)
- **Vertragsfreiheiten** (z. B. Kündigungsschutz für Mitglieder von Betriebsräten)
- **Gewerbefreiheiten** (z. B. ist der Zusammenschluss von Unternehmen in Form von Kartellen zu Preisabsprachen in Deutschland verboten)
- **Investitionsfreiheiten** (z. B. Restriktionen bei Rüstungsbetrieben)

Zusammenfassend ist zu sagen, dass zu den positiven Aspekten der sozialen Marktwirtschaft die vielen Sicherheiten der Bevölkerung sowie die

Selbstverwirklichungsmöglichkeiten zählen. Durch Einkommensumverteilung werden ökonomische Ungleichheiten gelindert. So müssen z. B. Niedrigverdiener auch weniger Steuern zahlen. Es gibt zudem hohe Gewinnanreize, die dazu führen, dass Unternehmer immer effizienter als ihre Konkurrenten sein wollen und so niedrige Preise für die Konsumenten bieten können. Die Nachteile, die in der freien Marktwirtschaft auftreten, werden im Wirtschaftssystem der sozialen Marktwirtschaft abgeschwächt.

Nachteil der sozialen Marktwirtschaft ist die steigende Bürokratie, die beispielsweise Gründungen von Firmen erschwert. Zudem sind die Steuern deutlich höher, um alle Absicherungen finanzieren zu können. Folglich haben Unternehmen einen größeren Anreiz, den Sitz ihrer Unternehmen ins Ausland zu verlegen. Auch die Nachteile einer freien Marktwirtschaft verschwinden nicht gänzlich, sondern werden nur abgeschwächt.

Aufgaben und Grenzen von Markt und Staat

Die soziale Marktwirtschaft verbindet eine leistungsstarke Wirtschaft mit den Komponenten der sozialen Absicherung und Sicherheit. Sie schafft Gerechtigkeit und Chancengleichheit und ermöglicht „Wohlstand für alle". Zur sozialen Marktwirtschaft gehört jedoch auch ein Staat, der Regeln festlegt und den Rahmen bestimmt, in dem sich die Wirtschaft entfalten kann. Kartellverbot, Fusionskontrolle und Missbrauchsaufsicht bei marktbeherrschenden Unternehmen sichern den Wettbewerb und schaffen einen Rahmen, in dem sich Konsumenten und Unternehmen frei bewegen können. Die Aussicht auf hohe Gewinne ist die wichtigste treibende Kraft, um Wohlstand zu gewährleisten. Dennoch hat die staatliche Verantwortung auch Grenzen. Der Staat soll die Freiheit garantieren, dennoch ist diese auch nicht grenzenlos – „Die Freiheit des Einzelnen endet dort, wo die Freiheit des anderen beginnt" (Immanuel Kant). So fordert der Staat Solidarität, ohne die Eigenverantwortung der Individuen zu untergraben.

Zudem ist die freie Preisbildung ein fundamentales Prinzip der sozialen Marktwirtschaft. Preise, die sich frei entwickeln können, zeigen an, wo Knappheit herrscht oder wo ein technischer Fortschritt nötig ist und in welchen produziert oder investiert werden muss. Offene Märkte nach innen und außen sichern den freien Wettbewerb. Dennoch kann auch hier der Staat eingreifen, wenn er es für nötig hält.

ZIELE & INSTRUMENTE

Wirtschaftspolitische Ziele Deutschlands

Die Hauptziele der Bundesrepublik Deutschland in wirtschaftspolitischer Hinsicht orientieren sich an dem magischen Sechseck und sind daher:

- Vollbeschäftigung
- Preisniveaustabilität
- Stetiges Wirtschaftswachstum
- Außenwirtschaftliches Gleichgewicht
- Eine gerechte Einkommensverteilung
- Umweltschutz

Nur wenn Ziele auch durch bestimmte Indikatoren messbar sind, kann der Erfolg kontrolliert werden. Das Ziel der Vollbeschäftigung kann beispielsweise durch die Arbeitslosenquote kontrolliert werden. Dennoch gibt es auch immer wieder Ziele in der Wirtschaftspolitik, die nicht messbar sind.

Die wirtschaftspolitischen Ziele einer Volkswirtschaft können auch immer mit den Grundwerten dieser in Verbindung gebracht werden. Vollbeschäftigung hat immer auch das Ziel von Sicherheit, aber auch Freiheit, da unfreiwillige Arbeitslosigkeit zum Verlust an materieller Freiheit führt. Preisniveaustabilität und eine gerechte Einkommensverteilung hingegen zielen in erster Linie auf den Grundwert der Gerechtigkeit ab, aber auch Sicherheit sollen diese Ziele bieten. Wirtschaftswachstum hat viele positive Nebeneffekte, so kann es einen Zuwachs an Freiheit bringen und korreliert stark mit dem Fortschritt und mit Innovationen. Im Erhalt der natürlichen Umwelt spiegelt sich der Nachhaltigkeitsgedanke wider. Die Grundbedürfnisse Sicherheit und auch Gerechtigkeit in Bezug auf folgende Generationen spielen hier die entscheidende Rolle.

Die wirtschaftspolitischen Ziele der Bundesrepublik Deutschland stehen in unterschiedlichen Beziehungen zueinander. Während sich einige Ziele gegenseitig unterstützen, also die Verwirklichung eines Zieles sich positiv auf die Verwirklichung eines anderen auswirkt, können sich bei anderen Zielen Zielkonflikte entwickeln, d. h., die Maßnahme zur Verwirklichung eines Ziels hat die entgegengesetzte Wirkung auf ein anderes Ziel. Bei Zielkonflikten können niemals beide Ziele erfüllt werden, es muss ein Kompromiss gefunden werden. Auch eine Unvereinbarkeit von Zielen ist möglich. Ein Beispiel hierfür ist die Erhöhung der Energiepreise zu Gunsten des Umweltschutzes und die gleichzeitige Senkung der Energiepreise zu Gunsten des Wirtschaftswachstums.

Konzept der sozialen Marktwirtschaft und daraus resultierende Ziele

In der sozialen Marktwirtschaft, und damit auch in der Bundesrepublik Deutschland als Vertreter dieser, stehen die Grundwerte Gerechtigkeit und Sicherheit im Vordergrund. Der Markt wird daher aus sozialpolitischen Gründen durch den Staat korrigiert. Die soziale Marktwirtschaft strebt aber dennoch freie Märkte in Verbindung mit sozialem Ausgleich an. Ihre Grundlagen lassen sich in die Grundwerte einer Gesellschaft unterteilen:

Freiheit: In Deutschland hat die Bevölkerung freie Entscheidungen im Bereich der Ökonomie, der formalen Gewerbefreiheit und eine freie Berufswahl. Zudem wird die Freiheit des Marktes gefördert. Anpassungen der Wirtschaft erfolgen über den Wettbewerb und nicht über eine zentrale Planung des Staates.

Gerechtigkeit: Durch die Freiheit der Märkte und den daraus resultierenden Wettbewerb herrscht eine Leistungsgerechtigkeit für Güter und Produktionsfaktoren. Zudem gibt es durch diverse Sozialleistungen Unterstützung für Menschen mit geringem Einkommen. In Deutschland herrscht außerdem ein Bildungsrecht, sprich: Jeder muss zur Schule gehen und hat so die Möglichkeit einer guten Ausbildung.

Sicherheit: Sicherheit erfährt die Bevölkerung durch soziale Absicherungen und Versicherungen. Konjunkturschwankungen werden durch Eingriffe des Staates abgefangen.

Fortschritt: Vor allem durch den freien Wettbewerb werden Fortschritt und Innovationen von Produkten und Dienstleistungen gefördert. Zudem gibt es staatliche Forschungsförderungen, insbesondere zur Förderung der Grundlagenforschung.

Wirtschaftspolitische Instrumente

Es gibt verschiedene Arten von wirtschaftspolitischen Instrumenten, die sich nach der Intensität der Eingriffe in den Wirtschaftsablauf unterscheiden lassen. Man unterscheidet beispielsweise die **Programminformationen**, die Informationen über die zukünftig geplanten politischen Schritte geben und so die Menschen beeinflussen sollen, und die **Lageinformationen**, die über die aktuelle wirtschaftliche Lage des Landes aufklären. Beispiele dafür sind der Jahreswirtschaftsbericht der Regierung oder Analysen für den Bedarf bezüglich der Berufswahl. Von instrumentaler Verwendung von Informationen spricht man, wenn durch den Staat versucht wird, Ziele von privaten Akteuren zu verändern. Ein Beispiel dafür ist die Aufforderung oder Mahnung zum Kauf inländischer Waren.

Direkte Eingriffe in das Marktgeschehen sind deutlich intensivere Maßnahmen, durch die sich beispielsweise die Marktpreise verändern. Hierzu zählen die Auferlegung von Zöllen, z. B. auf ausländische Produkte, Subventionen, um Wirtschaftsbereiche zu schützen, oder Abgaben auf z. B. umweltbelastende Stoffe. Noch fundamentaler als Eingriffe in die aktuellen Marktprozesse sind jedoch Veränderungen der Rahmenbedingungen, wie z. B. die Veränderung der Eigentumsordnung und des Vertragsrechts oder des Wettbewerbsrechts.

Den intensivsten aller Eingriffe stellt der staatliche Zwang dar, der mit den Grundwerten und -rechten der Freiheit kollidiert. Diese Maßnahmen zeichnen sich häufig durch einen hohen Verwaltungsaufwand und eine eher geringe Wirkung aus. Betroffene agieren mit Vermeidungsstrategien und wollen so die Restriktionen des Staates umgehen. Dennoch sind solche Maßnahmen manchmal notwendig, z. B. zur Erhaltung der Freiheit des Marktes. Sie werden angewendet, um marktbeherrschende oder sogar Marktmacht missbrauchende Unternehmen ihrer Stellung zu entheben.

Allerdings ist der Staat nicht nur darauf beschränkt, die Handlungen der Wirtschaftsakteure zu beeinflussen. Durch bestimmte Maßnahmen können auch direkte Zielwirkungen erreicht werden. Hierzu zählen die Beeinflussung der Einkommen durch Steuern oder Sozialhilfe oder die Preisbeeinflussung durch die staatliche Nachfrage.

Ziel-Mittel-System

Das sogenannte Ziel-Mittel-System ist eine systematische Verbindung zwischen wirtschaftspolitischen Zielen und den Instrumenten. Wird dieses System konkret dazu benutzt, wirtschaftliche Probleme zu lösen, so bezeichnet man es als wirtschaftspolitisches Programm. Wenn das Ziel-Mittel-System als Leitbild auch für zukünftige wirtschaftspolitische Aktivitäten und Entscheidungen dient, so liegt eine Konzeption vor. Für die BRD gilt die Konzeption der sozialen Marktwirtschaft.

STAATLICHE HANDLUNGSFELDER IN DER MARKTWIRTSCHAFT

Ganz ohne staatliche Eingriffe kommt auch die Wirtschaftspolitik der sozialen Marktwirtschaft in Deutschland nicht aus. Zu den Handlungsfeldern, in denen Eingriffe des Staates nötig sind, zählen:

- Sicherung des Wettbewerbs
- Konjunkturpolitik
- Wachstumspolitik
- Sozialpolitik
- Umweltpolitik
- Außenwirtschaftspolitik

Der freie Wettbewerb ist das wichtigste Prinzip einer Marktwirtschaft. Der Staat hat die Aufgabe, diesen zu schützen und sicherzustellen. Mithilfe des Kartellrechts und des Gesetzes gegen Wettbewerbsbeschränkungen (GWB) sollen illegale Preisabsprachen und Monopolbildungen verhindert werden.

Auch in der Konjunkturpolitik sind Eingriffe des Staates nötig, um starke Konjunkturschwankungen, die der Wirtschaft eines Landes schaden, abzufangen. So steigert der Staat beispielsweise in Phasen des Abschwungs oder Tiefphasen seine Ausgaben, um die Nachfrage zu steigern und so die Wirtschaft wieder anzukurbeln. Die Meinungen, wie stark sich der Staat bei Konjunkturschwankungen einmischen sollte, gehen stark auseinander. Weitere Informationen zu den verschiedenen Theorien finden Sie im Kapitel „Modelle & Theorie im Überblick“.

Im Vergleich zur kurzfristig angelegten Konjunkturpolitik hat die Wachstumspolitik das Ziel, das Wirtschaftswachstum langfristig zu steigern. Dies erfolgt hauptsächlich durch die Ausweitung der Produktionsmöglichkeiten. Damit verbunden, müssen essenzielle Fragen nach der Umweltpolitik und dem Rohstoffverbrauch geklärt werden.

Die Funktion des Staates in der Sozialpolitik ist in der sozialen Marktwirtschaft besonders wichtig. Die Sozialpolitik dient dem Grundwert der

Sicherheit. Maßnahmen wie die soziale Sicherung, die Arbeitsschutz- und Verteilungspolitik und die Förderung vertraglicher Übereinkünfte zwischen Arbeitgebern und Arbeitnehmern spielen hierbei eine große Rolle.

Auch der Schutz der Umwelt und Ressourcen obliegt letzten Endes dem Staat. Dabei müssen ebenfalls globale Wechselwirkungen beachtet werden. Aus diesem Grund wird der Umweltschutz gefordert und umweltfreundliche Technologien vom Staat werden subventioniert. Umweltbelastungen hingegen stellen negative Effekte dar. Die Aufgabe der Umweltpolitik ist es, diese negativen Effekte so klein wie möglich zu halten.

Auch die Aufgabe der Regelung der Außenwirtschaftspolitik obliegt dem Staat. Wichtig ist hierbei, dass die Rahmenbedingungen des außenwirtschaftlichen und wirtschaftlichen Handelns im Land zueinander passen. Maßnahmen wie Zölle oder Handelsrestriktionen oder die Lockerung dieser liegt in der Hand des Staates.

Grundbegriffe

Zusammenhänge des Industriezeitalters

Als Industriezeitalter wird eine Epoche der Menschheit bezeichnet, die mit der Industrialisierung ihren Anfang nahm und vielleicht die größte Veränderung und Entwicklung in der Geschichte der Menschheit brachte. Mit der Industrialisierung nahm diese Epoche Mitte des 18. Jahrhunderts ihren Anfang, ehe sie in den 1970ern und 1980ern vom Informationszeitalter abgelöst wurde.

Industrialisierung

Im Zuge der Industrialisierung veränderte sich schlagartig die Art und Weise, wie Dinge produziert wurden. Viele Produkte wurden nicht mehr von Hand, sondern mit Maschinen hergestellt. Ihren Anfang nahm die Industrialisierung in der 2. Hälfte des 18. Jahrhunderts in England, dort wurden viele Maschinen, wie beispielsweise die Spinnmaschine oder die Dampfmaschine, entwickelt. Andere Länder folgten einige Jahre später. Die meisten Länder befanden sich zwischen 1870 und 1914 in der Industrialisierung und werden seither als Industriestaaten bezeichnet.

Da die Landwirtschaft in dieser Zeit an Bedeutung verlor, bildeten sich große Städte um die Fabriken, die eine Vielzahl an Arbeitsplätzen boten – ein Prozess, der als Landflucht oder Urbanisierung bezeichnet wird, da die Menschen wortwörtlich vor der Armut auf dem Land flohen. Als Reaktion auf die Urbanisierung kam es zu einigen technischen Fortschritten. Die Straßenbeleuchtung wurde von Öl auf Gas und schließlich auf Elektrizität umgestellt und auch der Verkehr musste neu geregelt und organisiert werden, da Pferdekutschen nicht mehr effizient genug waren. Eine bahnbrechende Erfindung in dieser Zeit war die Eisenbahn. Diese konnte Rohstoffe wie Kohle, Holz oder Eisen schnell und über weite Strecken transportieren.

Dennoch brachte die Industrialisierung auch Probleme mit sich. Aufgrund der besseren Versorgung kam es 1800 zu einer Bevölkerungsexplosion. Das führte in den ohnehin schon dicht besiedelten Städten zu Platzmangel und hygienischen Problemen, sodass sich Krankheiten schnell ausbreiten konnten. Dies führte dazu, dass Entwässerungsanlagen entwickelt wurden, sodass ab 1830 hygienische Probleme der Vergangenheit angehörten.

Ein weiteres Problem war die Massenarmut im 19. Jahrhundert, auch als Pauperismus bezeichnet, da die Arbeiter für sehr wenig Geld arbeiten mussten und regelrecht von den Fabrikbesitzern ausgebeutet wurden. Dadurch stürzten ganze Bevölkerungsschichten in eine große Armut. Um die Armut zu bekämpfen, wurde die Armenfürsorge zentral von den Städten organisiert. In dieser Zeit wurden auch andere Bereiche der Stadtverwaltung professionalisiert, sodass in der Zeit von 1870 bis 1930 das Beamtenwesen und die Bürokratie entstanden.

Auch heute kann man die Folgen der Industrialisierung deutlich wahrnehmen. Zum einen gibt es kaum noch Agrarstaaten in Europa, d. h. Länder, die hauptsächlich Landwirtschaft betreiben. Vor der Industrialisierung war jeder Staat ein Agrarstaat. Zudem sind Industriestaaten in der Regel wohlhabender. Zum anderen kam es durch die Entwicklung von Maschinen zu einem enormen Verbrauch an Rohstoffen. Dies führte zu einem völlig neuen Ausmaß an Umweltverschmutzung.

Industrialisierung in Deutschland:
In Deutschland begann die Industrialisierung später als in England. Grund dafür war, dass Deutschland zu der Zeit nicht aus einem Einheitsstaat, sondern aus vielen Teilstaaten bestand. Diese Teilstaaten arbeiteten nicht zusammen. Sie verhängten Zölle untereinander und konnten sich nicht auf einheitliche Maßeinheiten für Gewichte oder eine Währung einigen. Ein weiterer Grund für die spätere Industrialisierung in Deutschland war die Leibeigenschaft, die Landwirte dazu verpflichtete, die Ländereien ihrer Herren zu bewirtschaften. Dadurch war es unmöglich, dass die Industrie die Landwirtschaft verdrängt. 1807 wurden schließlich die Landwirte aus der Leibeigenschaft befreit. Durch die zusätzliche Aufhebung der Zölle untereinander durch den Deutschen Zollverein 1834 war nun auch in Deutschland der Weg frei für die Industrialisierung.

MONOPOLE

Der Begriff Monopol lässt sich aus dem Altgriechischen mit dem Begriff ‚alleiniger Anspruch' oder ‚Alleinverkauf' übersetzen. Als Monopol bezeichnet man einen Markt, der nur von einem Anbieter, dem Monopolisten, mit nur einem Gut oder einer Dienstleistung bedient wird. Begünstigt wird die Entwicklung von Monopolen durch eine Kostenstruktur mit hohen Fixkosten oder Markteintrittsbarrieren, die beispielsweise durch Patente zustande kommen. Ist letzten Endes nur noch ein einziger Anbieter übrig, spricht man von einem Monopol bzw. einer Monopolisierung. Folgende Marktformen gibt es:

		Nachfrage		
		einer	wenige	viele
Angebot	einer	Bilaterales Monopol	Beschränktes Monopol	Monopol
	wenige	Beschränktes Monopson	Bilaterales Oligopol	Oligopol
	viele	Monopson	Oligopson	Polypol

Man unterscheidet grundsätzlich zwischen Angebots- und Nachfragemonopol. Bei einem **Angebotsmonopol** stehen dem Anbieter viele Nachfrager gegenüber. Bis 2007 gab es in Deutschland beispielsweise das Briefmonopol. Die Deutsche Post hatte eine Exklusivlizenz, um Briefe zu transportieren. Beim **beschränkten Angebotsmonopol** existiert ebenfalls nur ein Anbieter, der allerdings nur einigen wenigen Nachfragern gegenübersteht. Beispiel für ein solches beschränktes Monopol kann ein patentiertes Medikament oder Spezialgerät sein, das nur von einem Unternehmen produziert und verkauft und nur von wenigen Kliniken gekauft wird.

Bei der Marktform des **Nachfragemonopols**, auch als **Monopson** bezeichnet, gibt es viele Anbieter, aber nur einen Nachfrager. Diese Form kommt selten vor, meist geht diese Art des Monopols vom Staat aus. So werden beispielsweise nur vom Staat Rüstungsgüter oder Autobahnen nachgefragt. Ein **beschränktes Monopson** liegt vor, wenn es nur wenige Anbieter gibt, die nur einem Nachfrager auf dem Markt gegenüberstehen. Als Beispiel kann hier die Produktion von Polizeiautos angegeben werden. Es gibt nur wenige Produzenten dieser, die nur dem Staat als Abnehmer gegenüberstehen.

Gibt es sowohl auf der Angebots- als auch auf der Nachfrageseite nur einen Marktteilnehmer, so spricht man von einem sogenannten **bilateralen Monopol** oder es liegt auch ein **zweiseitiges Monopol** vor. Spezialisiert sich beispielsweise ein Autohersteller auf die Produktion eines Ersatzteils, das nur von einem Automobilhändler nachgefragt wird, handelt es sich um eine solche Marktform.

Im Normalfall senkt der Wettbewerb den Preis. Es gibt jedoch auch den Fall, dass es aufgrund der Gesamtkosten ökonomisch sinnvoll ist, nur einen Anbieter eines Produkts oder einer Dienstleistung auf dem Markt zu haben. Man bezeichnet das als **natürliches Monopol**. Ein Beispiel dafür ist das deutsche Schienennetzwerk. Es wäre unwirtschaftlich, ein zweites paralleles Schienennetzwerk aufzubauen. Das Gleiche gilt für das Strom-, Wasser- und Gasnetz.

Bei den meisten Monopolen handelt es sich um staatliche Firmen, sogenannte Staatsmonopole. Diese haben die Funktion, auch in weniger dicht besiedelten Regionen innerhalb Deutschlands das Angebot zu sichern. Ziel ist dabei, eine soziale Gerechtigkeit zu schaffen. Monopole haben aber auch den Nachteil, dass durch die fehlende Konkurrenz der technische Fortschritt in den Hintergrund rückt. Die Folge ist oft eine Ineffizienz der Prozesse.

Der Wettbewerb reguliert Preis und Qualität von angebotenen Produkten und Dienstleistungen. Da bei einem Monopol der Wettbewerb fehlt, entfallen auch die Selbstregulierung und die Bildung eines Marktpreises durch Angebot und Nachfrage. Überwacht wird die Entstehung von Monopolen in Deutschland vom **Bundeskartellamt**. Dieses stellt einen freien Wettbewerb sicher und achtet darauf, dass keine illegalen Preisabsprachen zwischen Unternehmen getroffen werden.

Oligopol

Das Oligopol ist eine der 3 typischen Marktformen. Aus dem Altgriechischen übersetzt bedeutet der Begriff ‚wenig, gering', aber auch ‚Handel treiben'. Es bezeichnet das Phänomen, dass sowohl auf Angebots- als auch auf Nachfrageseite einige wenige Marktteilnehmer Handel treiben und den Markt beherrschen. Der Oligopolist muss anders als beim Monopolisten aber auch immer die Reaktion seiner Konkurrenz berücksichtigen. Beispiel für ein Oligopol ist der deutsche Mobilfunkmarkt. Es gibt 3 große öffentliche Netzbetreiber in Deutschland: T-Mobile, Vodafone und Telefónica. Diese haben ähnliche Preise, Angebote und Rabatte für Neukunden. So teilt sich der Mobilfunkmarkt unter diesen 3 Anbietern auf, jeder besitzt nahezu die gleichen Marktanteile. Nachfrager hingegen sind die Millionen von Menschen, die in Deutschland leben und ein Mobiltelefon benutzen. Weitere Beispiele sind der deutsche Strommarkt, die europäische Mineralölgesellschaft und die Flugindustrie.

Es gibt zudem auch verschiedene Arten von Oligopolen: das Angebotsoligopol, das Nachfrageoligopol (Oligopson) und das bilaterale Oligopol. Um ein **Angebotsoligopol** handelt es sich, wenn wenige Anbieter einer großen Anzahl an Nachfragern gegenüberstehen. Der oben beschriebene Mobilfunkmarkt ist ein klassisches Beispiel für ein Angebotsoligopol. Bei einem **Nachfrageoligopol,** auch als **Oligopson** bezeichnet, gibt es nur wenige Nachfrager, aber viele Anbieter für ein Produkt. Ein Beispiel für ein Oligopson ist die Landwirtschaft. Viele Landwirte bringen ihr Getreide zu einigen wenigen Mühlen, wo das Getreide zu Mehl gemahlen wird. In diesem Fall sind die Landwirte die Anbieter und die Mühlen die Nachfrager. Ein Spezialfall ist das **Duopol.** Hier stehen vielen Nachfragern genau 2 Anbieter gegenüber. Das weltweit bekannteste Duopol bilden in der Flugindustrie Airbus und Boeing. Bei einem **bilateralen Oligopol** stehen sowohl auf Anbieterseite als auch auf Seiten der Nachfrager nur wenige Marktteilnehmer zur Verfügung. Beispiel ist hier die Kreuzfahrtindustrie. Wenige Anbieter von Kreuzfahrtschiffen stehen wenigen Redereien gegenüber, die ihnen die Schiffe abnehmen.

Polypol

Auch das Polypol ist eine typische Marktform in der Volkswirtschaftslehre. Ein Polypol bedeutet, dass sich viele Anbieter und viele Nachfrager auf einem Markt gegenüberstehen. Ein gutes Beispiel hierfür ist der Börsenmarkt. Hier treffen viele Anbieter auf unzählige Nachfrager und sind dank moderner Informationssysteme jederzeit über alle Marktentwicklungen informiert. Weitere Beispiele sind der Wochenmarkt, der Arbeitsmarkt oder der Wohnungsmarkt. In einem Polypol ist der Wettbewerb sehr stark und kein Unternehmen ist gegenüber den anderen in einer Machtposition, wie das beim Monopol der Fall ist. Zur Entstehung eines idealen Polypols müssen einige Bedingungen erfüllt werden:

- Vollkommene Transparenz auf dem Markt (alle Marktteilnehmer sind über Angebot und Preise informiert)
- Homogenes Angebot (das Gut des einen Anbieters unterscheidet sich nicht vom Gut der gleichen Art des anderen Anbieters)
- Einheitlicher Preis
- Schnelle Reaktionen auf Preisänderung
- Freier Zutritt zum Markt für alle Nachfrager

In der Realität sind diese Bedingungen allerdings meist nicht alle erfüllt.

Die Marktmechanismen des Polypols fallen dadurch jedoch nicht komplett aus, sondern werden nur leicht abgeschwächt. Generell ist der Marktanteil der Marktteilnehmer sehr gering, d. h., ändert ein Marktteilnehmer seine Preise, hat das nicht gleich zur Folge, dass alle anderen Marktteilnehmer auch ihre Preise ändern. Einzelne Marktteilnehmer oder Nachfrager haben keinen Einfluss auf den Marktpreis.

KAUFENTSCHEIDUNG & NACHFRAGEELASTIZITÄT

Kaufentscheidung

Das Kaufverhalten beschreibt das beobachtbare Verhalten von Konsumenten, von potenziellen Kunden, beim Einkauf von Produkten oder Dienstleistungen. Dies wird auch als Kaufverhalten oder Konsumentenverhalten bezeichnet. Beim Kaufverhalten wird der gesamte Kaufentscheidungsprozess des Kunden betrachtet, von der Planung des Kaufes bis hin zu dem Verhalten nach dem Kauf. Das SOR-Modell und das AIDA-Modell analysieren die verschiedenen Schritte bis hin zum Kauf eines Kunden. Ein weiteres Modell ist das Kaufentscheidungsmodell nach *Philip Kotler*, welches im Folgenden genauer beleuchtet wird.

Steckbrief: Philip Kotler

Der US-amerikanische Wirtschaftswissenschaftler und Professor für Marketing Philip Kotler (geb. 1931) gilt als Begründer der modernen Marketinglehre. Sein berühmtes Werk „Marketing Management" gehört heute zur Standardliteratur für angehende Wirtschaftswissenschaftler.

Es werden 5 verschiedene Phasen des Kaufverhaltens unterschieden:

- **Problemerkennung** (durch das Problem entsteht ein Bedürfnis, ein bestimmtes Produkt zu besitzen, dieses Gefühl kann mithilfe von Werbemitteln ausgelöst werden)
- **Informationssuche** (das Bedürfnis wird zum Bedarf und der Kunde

fängt an, zu recherchieren)

- **Bewertung der Alternativen des Produkts** (Produkte und Marken werden bewertet)
- **Kaufentscheidung**
- **Verhalten nach dem Kauf** (Feedback und Bewertung des Kunden über den Einkauf)

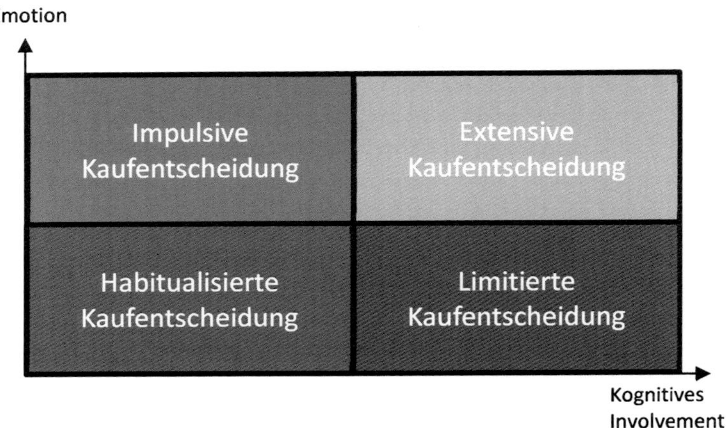

Es gibt zudem verschiedene Arten von Kaufentscheidungen:

Extensive Kaufentscheidung

Sowohl das emotionale als auch das kognitive Involvement ist sehr hoch. Das ist auch der Grund dafür, warum diese Kaufentscheidung häufig lange dauert. Es handelt sich häufig um hochwertige und teure Produkte, sodass der Kauf mit vielen Informationen und Preisvergleichen verbunden ist.

Habitualisierte Kaufentscheidungen

Sie sind das genaue Gegenteil von extensiven Kaufentscheidungen. Hier geht es um Waren, die ein Kunde aus Gewohnheit kauft. Es handelt sich hierbei oft um Produkte des täglichen Bedarfs. Man investiert bei dieser Art der Kaufentscheidung keine Zeit und auch nach Alternativen wird nicht gesucht.

Limitierte Kaufentscheidungen

Bei dieser Art der Kaufentscheidung wird nach einem passenden Produkt gesucht, jedoch Zeit beim Entscheidungsprozess gespart, indem man sich nur eine limitierte Auswahl anschaut. Dies geschieht häufig bei Produkten, mit denen man schon Erfahrungen gesammelt hat, oder wenn von vornherein nur ein paar Marken bekannt sind. Es wird also nicht mehr der gesamte Kaufentscheidungsprozess durchlaufen.

Impulsive Kaufentscheidungen

Diese Art von Käufen ist spontan und man denkt nicht groß darüber nach. An der Kasse im Supermarkt werden häufig Impulskäufe getätigt und auch Panikkäufe zu Weihnachten zählen in diese Kategorie.

Es gibt verschiedene Methoden, um das Kaufverhalten von Kunden zu analysieren:

- Beobachtung der Kunden
- Befragung der Kunden
- Nutzung von Kundenkarten
- Berichte und Analysen von Behörden zu Recherchezwecken (Marktforschung)

Preiselastizität

Die Preis- oder Nachfrageelastizität misst, wie sich die Nachfragemenge im Anschluss an eine Preiserhöhung prozentual ändert. Normalerweise geht nach einer Preiserhöhung die Nachfragemenge zurück. Dieser Effekt ist durch die Preiselastizität messbar. Im Folgenden die Formel für die Preiselastizität:

$$\varepsilon_p = \frac{\partial Q}{\partial p} \times \frac{p}{Q}$$

Die Preiselastizität wird mit dem Parameter ε_p abgekürzt. Sie errechnet sich aus der prozentualen **Mengenänderung δQ** geteilt durch die **Preisänderung δp** multipliziert mit dem **Anfangspreis p** geteilt durch die **Anfangsmenge Q**. Die Mengenänderung δQ berechnet sich, indem von der Endmenge (der Menge nach der Preiserhöhung) die Anfangsmenge (die Menge vor der Preiserhöhung) abgezogen wird. Die Preisänderung lässt sich auf die gleiche Weise ermitteln (Endpreis abzüglich des Anfangspreises).

<u>Ein Beispiel:</u> In einem Supermarkt werden Äpfel angeboten, diese kosten 1 Euro das Stück. Bei diesem Preis werden an einem Tag 60 Äpfel verkauft. Der Manager möchte aber nun den Preis auf 1,60 Euro erhöhen. Das hat zur Folge, dass am nächsten Tag zu dem teureren Preis aber nur 38 Äpfel verkauft wurden. Die Werte werden wie folgt in die Formel eingesetzt:

$$\varepsilon p = |\frac{38 - 60}{1{,}60 - 1} x \frac{1}{60}| = 0{,}611$$

Man spricht von einer preis*elastischen* Nachfrage, wenn $\varepsilon_p > 1$ ist. Man spricht von einer preis*unelastischen* Nachfrage, wenn $\varepsilon_p < 1$ ist. Die Preiselastizität wird immer als Absolutwert angegeben und steht daher in Betragsstrichen. Aus betriebswirtschaftlicher Sicht ist die Elastizität für den Gewinn relevant. Ist der Preis eines Gutes im elastischen Bereich, so führt die Preissenkung zu einer Mengensteigerung und damit zu einer Gewinnerhöhung. Im unelastischen Bereich ist für den optimalen Gewinn eine Preiserhöhung notwendig. Eine Preissenkung im unelastischen Bereich erhöht zwar die Absatzmenge, ist aber nicht gewinnsteigernd. Der umsatzmaximale Preis befindet sich bei $\varepsilon_p = 1$.

In dem oben genannten Beispiel wird die Nachfrage als unelastisch bezeichnet. Die Preiserhöhung wirkt sich also unterproportional auf die Nachfragemenge auf Äpfel aus. Damit würde der Gewinn des Supermarktes durch die Preiserhöhung steigen. Würde jedoch die Nachfrage der Äpfel weiter sinken und der Wert auf über 1 ansteigen, so wäre die Preiserhöhung nicht mehr gewinnbringend.

EFFIZIENZ & GERECHTIGKEIT

Eine Handlung oder eine Maßnahme wird als effizient bezeichnet, wenn das Ziel mit einem möglichst geringen Aufwand erreicht wird. Die Effizienz stellt also das Maß für die Wirtschaftlichkeit dar.

Wirtschaftlichkeit

Die Wirtschaftlichkeit gehört zu den Kennzahlen der BWL und stellt das ökonomische Prinzip als Wert dar. Die Wirtschaftlichkeit zeigt an, ob ein Produkt oder eine Dienstleistung effizient hergestellt wurde oder ob ein gesamtes Unternehmen effizient arbeitet. Dafür wird der Aufwand bzw. dafür werden die Kosten mit dem Erlös oder dem Ertrag in ein Verhältnis gesetzt. Mit dieser Kennzahl kann geschaut werden, ob Unternehmen gewinnbringend wirtschaften, oder man kann verschiedene Geschäftsjahre miteinander vergleichen. Auch zwei verschiedene Unternehmen können so miteinander verglichen werden. Mit der folgenden Formel wird die Wirtschaftlichkeit errechnet:

$$Wirtschaftlichkeit = \frac{Ertrag/Erlös}{Aufwand/Kosten}$$

Ist das Ergebnis dieser Formel > 1, bezeichnet man das als wirtschaftlich. Die Erträge überwiegen in diesem Fall den Aufwand bzw. die Kosten und es kann gewinnbringend gewirtschaftet werden. Ist das Ergebnis der Formel = 1, so können die Kosten der Produktion exakt mit dem Erlös gedeckt werden. Ist das Ergebnis jedoch < 1, so bezeichnet man das als Unwirtschaftlichkeit. Die Kosten der Produktion können nicht durch den Erlös gedeckt werden, sodass auch kein gewinnbringendes Wirtschaften möglich ist.

Produktion & Kostensenkung als wirtschaftlicher Antrieb

Die Produktionsfunktion

Mithilfe der Produktionsfunktion möchte ein Unternehmen seine optimale Produktionsmenge herausfinden. Es wird der Zusammenhang von Input und Output analysiert, welcher daraus generiert wird. Die Transformation von Input- zu Output-Faktoren wird durch die folgende Formel wiedergegeben:

$$Y = F(K, L)$$

Y steht dabei für die **produzierten Güter**, F beschreibt die verwendeten **Produktionsfaktoren**. Meistens handelt es sich hierbei um das **Kapital** K und die **Arbeit** L. Der Output ist also eine abhängige Funktion der Faktoren Kapital und Arbeit. Im Folgenden ist die graphische Darstellung einer Produktionsfunktion angegeben:

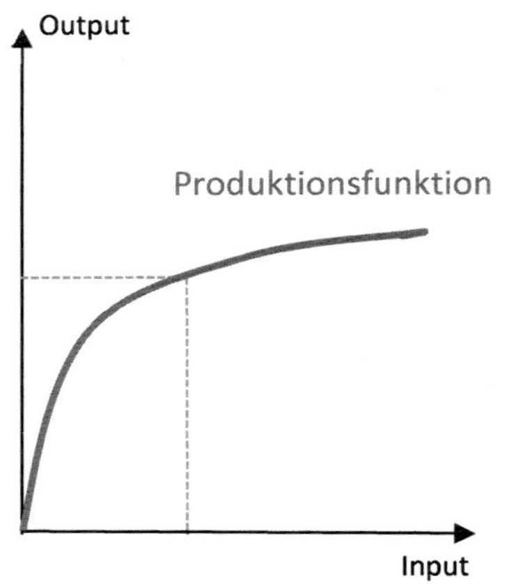

Auf der x-Achse befindet sich der Input, auf der y-Achse der Output. Alle Punkte, die sich auf der Produktionskurve befinden, geben das Verhältnis der Input-Faktoren an, die die maximal realisierbare Output-Menge erreichen. Punkte unterhalb der Kurve stellen ebenfalls Möglichkeiten dar, wobei es sich dabei um nicht optimale Faktorkombinationen handelt. Mithilfe der Produktionsfunktion können also Aussagen getroffen werden, welche Output-Mengen unter dem Einsatz welcher Input-Faktoren realisierbar sind.

Es gibt 2 verschiedene Produktionsfunktionen, deren Unterschied in der Ersetzbarkeit der Input-Faktoren liegt. Bei der **substitutionalen** Produktionsfunktion lassen sich die Produktionsfaktoren beliebig austauschen, ohne die Output-Menge zu verändern. Ein Beispiel ist die Ersetzung von menschlichen Arbeitskräften durch Maschinen. Bei der **limitationalen**

Produktionsfunktion hingegen lassen sich die Produktionsfaktoren nicht beliebig austauschen. Möchte ein Unternehmen seinen Output steigern, so müssen alle benötigten Input-Faktoren erhöht werden. Beispiel hierfür ist das Backen von Kuchen. Möchte ein Konditor mehr Kuchen produzieren, so müssen alle Zutaten gleichermaßen erhöht werden. Es ist ineffektiv, nur das Mehr zu erhöhen.

Kostensenkung durch Produktivität

Vor allem im Zeitalter der Industrialisierung kommt es in den Unternehmen jedoch auch auf dem Markt generell mehr denn je zu Spezialisierungen. Unternehmen spezialisieren sich auf die Produktion einiger weniger Güter und können dadurch ihre Produktivität steigern. Produktionsprozesse werden optimiert, Güter zu Produktionszwecken können in größeren Mengen eingekauft werden und Maschinen werden entwickelt, um die Arbeit zu beschleunigen. Aber auch innerhalb von Unternehmen werden Produktionsprozesse in kleinere Teilarbeitsschritte aufgeteilt. Das führt dazu, dass ein Arbeiter nur noch für einen kleinen Bereich des gesamten Produktionsprozesses verantwortlich ist. Das wiederum senkt nicht nur die Produktionszeit, sondern führt auch zu einer qualitativen Verbesserung der einzelnen Teilprozesse. Die Spezialisierung ist eine der wichtigsten Prozesse während des Industriezeitalters, die zu einer enormen Optimierung der Produktionsprozesse und damit auch zur Kostensenkung dieser führte.

Tarifverhandlungen

Tarifverhandlung bezeichnet die Verhandlung zwischen Arbeitgeber und Arbeitnehmervertretungen, wie z. B. Gewerkschaften, mit dem Ziel, einen Tarifvertrag abzuschließen oder diesen unter anderen Bedingungen neu aufzusetzen. Um einen neuen Tarifvertrag aufzusetzen, muss zunächst der alte Vertrag gekündigt werden. Das kann sowohl von Seiten der Gewerkschaft als auch des Arbeitgebers geschehen. Nach der Kündigung beginnen die neuen Verhandlungen. Thema dieser sind oft die Entlohnung, aber auch die Arbeitsbedingungen. Häufig werden Tarifverhandlungen begleitet von Warnstreiks oder anderen öffentlichkeitswirksamen Aktionen, um Druck auf den Arbeitgeber auszuüben. Warnstreiks sind räumlich und zeitlich begrenzt und erfordern einen Streikaufruf der Gewerkschaft. Kommen die Verhandlungen zu keinem Ergebnis, kann eine der Parteien die Verhandlungen für gescheitert erklären. In einem solchen Fall kann die Gewerkschaft durch einen unbefristeten Streik weiter den Druck auf den Arbeitgeber erhöhen. Ein unbefristeter Streik, auch Erzwingungsstreik genannt, ist das stärkste Mittel der Gewerkschaften. Deshalb muss vor einem solchen Streik sichergestellt werden, dass dieser von der Mehrheit der Gewerkschaftsmitglieder getragen wird. Es erfolgt eine Urabstimmung, in der die Mitglieder gefragt werden, ob sie bereit sind, für die Forderungen ihre Arbeit niederzulegen. Es bedarf 75 % der Stimmen, um einen unbefristeten Streik durchzusetzen. Es können dabei jederzeit die Tarifverhandlungen wieder aufgenommen werden. Sind die Parteien zu einem Ergebnis gekommen, werden die Gewerkschaftsmitglieder ebenfalls durch eine Urabstimmung gefragt, ob sie mit dem erzielten Verhandlungsergebnis zufrieden sind und den Streik beenden. Es sind ebenfalls 75 % der Stimmen nötig, um dies zu tun.

Dieser Prozess ist wenig vergleichbar mit den Arbeiterrechten am Anfang der Industrialisierung. Dort arbeitete ein Arbeiter im Durchschnitt 75 Stunden pro Woche für einen Hungerlohn. Die Ausbeutung der Arbeitskräfte war groß, endete allerdings mit der Arbeiterbewegung im 19. Jahrhundert. Visionäre wie u. a. Friedrich Engels und Karl Marx setzten sich mit Erfolg für eine sozialere Arbeitswelt ein.

KONJUNKTUR & ARBEITSMARKT

Konjunktur

Als Konjunktur wird der Verlauf der Wirtschaftslage eines Landes bezeichnet. Diese verändert sich stetig. Einer der wichtigsten Indikatoren zur Beschreibung der Wirtschaftslage eines Landes ist das Bruttoinlandsprodukt (BIP). Weitere Faktoren sind Zinssätze, Produktionsmengen, Preise und der Beschäftigungsgrad.

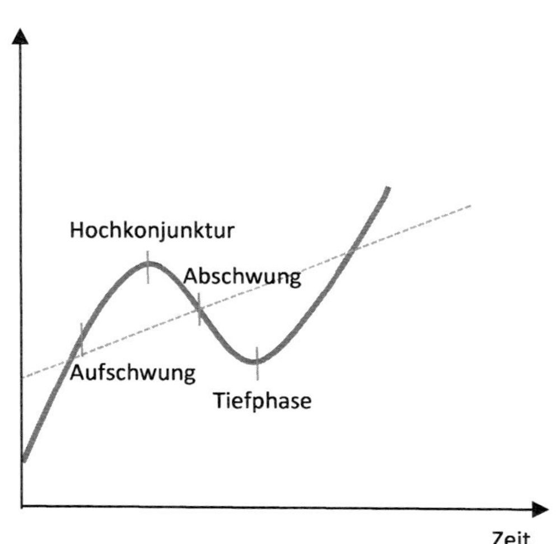

Die Schwankungen in der Wirtschaft stellt man in der Theorie mit einer sinusähnlichen Kurve dar, dem Konjunkturzyklus. Auf- und Abschwünge, die in der Kurve zu sehen sind, spiegeln die Höhen und Tiefen einer Wirtschaft wider. Dabei aggregiert die Konjunktur über sämtliche Güter, d. h., es wird nicht nur ein einzelnes Gut oder eine einzelne Dienstleistung betrachtet. Der Konjunkturzyklus kann in 4 unterschiedliche Phasen unterteilt werden: den Aufschwung, den Abschwung, die Hochkonjunktur und die Tiefphase.

Um den Ablauf einer Konjunktur nicht ausarten zu lassen, kann der Staat mit verschiedenen Mechanismen extreme Schwankungen der Konjunktur verhindern. Er kann die Wirtschaft bis zu einem bestimmten Grad beeinflussen und steuern. In einer Hochkonjunktur kann der Staat durch eine Erhöhung der Steuern den Konjunkturhöhepunkt abschwächen. Eine weitere Möglichkeit wäre, die öffentlichen Ausgaben zu verringern. Auf diese Weise kann der Staat überflüssige finanzielle Mittel, die durch die Sparmaßnahmen anfallen, für schlechte Konjunkturphasen anlegen. Befindet sich die Wirtschaft allerdings in einem Abschwung, so kann der

Staat durch eine Verringerung der Steuern und eine Erhöhung der staatlichen Ausgaben die Wirtschaft ankurbeln. Dieses Eingreifen des Staates bezeichnet man auch als antizyklische Fiskalpolitik.

Es gibt drei verschiedene Konjunkturindikatoren, um die Wirtschaft eines Landes zu definieren:

- **Frühindikatoren**, wie z. B. Auftragseingänge (deuten bereits im Vorhinein an, wie sich der Wirtschaftsverlauf entwickelt)
- **Gegenwartsindikatoren**, wie z. B. das BIP (verlaufen zeitgleich und geben Informationen zur aktuellen wirtschaftlichen Situation)
- **Spätindikatoren**, wie z. B. die Arbeitslosenquote (zeigen erst im Nachhinein die Wirtschaftsschwankungen an und sind verzögert)

Konjunkturphasen

Aufschwung:
Zu Beginn steht der Aufschwung, der auch als Expansion bezeichnet wird. Die Haushalte kaufen mehr Produkte und Dienstleistungen ein, die Nachfrage steigt. Um dem Anstieg der Nachfrage gerecht zu werden, müssen Unternehmen ihre Produktion erhöhen. Das führt dazu, dass sie zusätzliche Arbeitskräfte benötigen und einstellen müssen. Dadurch sinkt die Arbeitslosenquote. Sowohl die Preise der Produkte und Dienstleistungen als auch die Zinsen steigen langsam an. Die Wirtschaft des Landes ist am Expandieren, die Wirtschaftslage ist also sehr positiv.

Hochkonjunktur:
Nach dem Aufschwung kommt der erste Wendepunkt, es handelt sich dabei um den Höhepunkt der Konjunkturkurve, der als Hochkonjunktur oder Boom bezeichnet wird. Der Wirtschaft eines Landes geht es hier besser denn je. Die Nachfrage ist so hoch wie nie zuvor, Unternehmen stellen immer weiter Arbeitskräfte ein und investieren in neue Maschinen. Die Produktionskapazitäten der Firmen sind voll ausgeschöpft. Das hat wiederum einen positiven Effekt auf die Arbeitslosenquote, die minimal ist. Oft ist hier auch von Vollbeschäftigung die Rede. Gefahr einer solchen Hochkonjunktur ist eine Inflation, da die Preise von Produkten und Dienstleistungen immer weiter ansteigen.

Abschwung:

Da die Hochkonjunktur einen Wendepunkt beschreibt, kommt es danach immer zu einem Abschwung, auch Rezession genannt. Hier liegen geringe oder sinkende Wirtschaftswachstumsraten vor. Die steigenden Preise in der Hochkonjunktur haben zur Folge, dass die Nachfrage während der Rezession sinkt. Die Herstellung von Gütern und Dienstleistungen lässt dadurch nach. Die Produktionskapazitäten der Unternehmen können nun nicht mehr voll ausgeschöpft werden. Beschäftigte werden aufgrund von Arbeitsmangel entlassen, die Arbeitslosigkeit nimmt wieder langsam zu. Löhne, Güterpreise und das Zinsniveau sinken.

Tiefphase:

Die Tiefphase wird in extremen Fällen auch als Depression bezeichnet. Diese stellt den Tiefpunkt einer Wirtschaft dar. In dieser Phase werden die Produktionskapazitäten nur sehr gering ausgelastet. Es gibt kaum noch Investitionen von Unternehmen in beispielsweise neue Maschinen, da das Geld fehlt. Zudem werden immer mehr Mitarbeiter entlassen, sodass die Arbeitslosenquote in dieser Phase sehr hoch ist. Die Konsumenten haben weniger Geld zur Verfügung, daher sinkt auch die Nachfrage auf ein Minimum. Das Preisniveau sinkt und die Gefahr einer Deflation liegt vor. Aber auch die Tiefphase ist ein Wendepunkt des Konjunkturzyklus, sodass die Wirtschaft anschließend auch wieder beginnt, anzusteigen. Das kann beispielsweise durch das Eingreifen des Staates gefördert werden, indem dieser Steuern senkt und öffentliche Ausgaben erhöht. Diese Maßnahmen können dazu führen, dass sich die Ökonomie eines Landes erholt und wieder in die Phase des Aufschwungs übergeht.

Arbeitsmarkt

Wie bereits in den Phasen der Konjunktur beschrieben, hat die wirtschaftliche Lage eines Landes enormen Einfluss auf die Anzahl der Arbeitslosen. Dennoch gibt es auch in einem wirtschaftlichen Gleichgewicht immer eine gewisse Anzahl an Menschen, die keine Beschäftigung haben. Das wird auch als die natürliche Arbeitslosenquote bezeichnet. Man unterscheidet hier zwischen kurzfristiger Arbeitslosigkeit, auch als zyklische Arbeitslosigkeit bezeichnet, und langfristiger oder auch struktureller Arbeitslosigkeit. Langfristig gesehen kann die Arbeitslosenquote auch durch strukturpolitische Maßnahmen beeinflusst werden, denn die natürliche Arbeitslosenquote wird in der makroökonomischen Theorie eben auch von der Preissetzung (Entwicklung der Preise von Produkten) und der Lohnpolitik beeinflusst.

Höher, schneller, weiter: Der Neoliberalismus

Der September im Jahr 1929 war einer der wichtigsten Monate der modernen Menschheitsgeschichte. Nach einem Jahrzehnt der Nachkriegsexzesse und des durch leichte Kredite finanzierten Genusses stürzten mit dem Zusammenbruch der amerikanischen Börse die Mauern ein. Die Auswirkungen dieses Zusammenbruchs waren jedoch nicht nur auf die Vereinigten Staaten beschränkt. Da die globalen Finanzmärkte miteinander verflochten waren, breitete sich die finanzielle Krise durch den Zusammenbruch der amerikanischen Märkte über den Atlantik aus.

Da das Deutschland der Weimarer Republik in hohem Maße durch Kredite amerikanischer Partner finanziert wurde, waren die Auswirkungen dieser finanziellen Krise besonders in Deutschland in den 1920er Jahren zu spüren. Hyperinflation und wirtschaftliche Depression bildeten die Grundlage für die Ausbreitung des Faschismus in Weimar und führten schließlich zum Aufstieg Adolf Hitlers und zum Zweiten Weltkrieg.

Die wirtschaftliche Umstrukturierung nach dem Zweiten Weltkrieg stellte die Wirksamkeit und Sicherheit der Laissez-faire- und klassisch-liberalen Wirtschaftspolitik des frühen 20. Jahrhunderts in Frage. Dies geschah vor dem Hintergrund der wachsenden Bedrohung durch den

Kommunismus, der sich bereits von Russland bis nach China ausgebreitet hatte, und vor dem Hintergrund, dass bedeutende Teile der westlichen Gesellschaften die Lehren von Marx vertraten. Während das kommunistische Denken den Schwerpunkt auf die Gemeinschaft legte, sollte im Gegensatz dazu der Neoliberalismus den Schwerpunkt auf das Individuum legen.

Eines der besten Beispiele hierfür ist das Nachkriegsdeutschland, das in den sozialistischen Osten und den kapitalistischen Westen geteilt war. Diese klare und kontrastreiche Teilung mag der Grund dafür sein, dass die erste Ausprägung des Neoliberalismus, der Ordoliberalismus, in den 1950er Jahren in Deutschland aufkam.

DIE WIRTSCHAFTSTHEORIE DES MODERNEN KAPITALISMUS?

Nach dem Aufstieg Westdeutschlands in der Nachkriegszeit und nach den Wirtschaftskrisen der 1970er Jahre begannen die großen westlichen Volkswirtschaften, die Grundsätze des Neoliberalismus zu übernehmen. Dies wurde vor allem von *Ronald Reagan* in den Vereinigten Staaten und *Margaret Thatcher* im Vereinigten Königreich vorangetrieben. Unterstützt durch frühere Umsetzungen in Westdeutschland und *Augusto Pinochets* Chile, hat sich das neoliberale Denken in der Folge in den meisten Industrieländern verbreitet. Japan, Neuseeland, viele Mitgliedstaaten der Europäischen Union, Indien und sogar China haben neoliberale Grundsätze in ihre nationale Wirtschaftsplanung übernommen. Organisationen wie der Internationale Währungsfonds und die Weltbank verbreiteten neoliberale Ideale in den Entwicklungsländern, indem sie Kreditprogramme an Bedingungen knüpften, die die Durchsetzung von Eigentumsrechten, die Deregulierung der Märkte und andere Wirtschaftsreformen beinhalteten. Internationale Handelsabkommen wie das nordamerikanische NAFTA-Abkommen und die Bestimmungen innerhalb der Europäischen Union über den Freihandel werden weitgehend als neoliberal angesehen, da die Theorie den Freihandel fordert, um Wettbewerbsvorteile zu erlangen.

Die Verbreitung des Neoliberalismus als Wirtschaftstheorie des modernen Kapitalismus ist nicht ohne Kritik geblieben. Einige postulieren, dass der Neoliberalismus eine negative Auswirkung auf die globale Umwelt hat, da die Deregulierung der Unternehmen auch zu einer Verringerung der Umweltverschmutzung führt. Andere Kritiker behaupten, dass der Neoliberalismus die Ausbeutung der natürlichen Ressourcen der Erde über das nachhaltige Maß hinaus fördern kann.

Andere behaupten, dass der Neoliberalismus den Industrieländern ermöglicht, ihre imperialistischen Bestrebungen zu verschleiern, indem sie internationale Organisationen wie die Weltbank und den IWF nutzen, um den Entwicklungsländern unangemessene finanzielle Belastungen aufzuerlegen, was zu Nettokapitalströmen von armen in reiche Länder führt.

Korporatismus:
Bezeichnung für verschiedene Formen der Beteiligung bestimmter gesellschaftlicher Gruppen an politischen Entscheidungsprozessen.

In den Industrieländern wurde der Neoliberalismus als Ursache für den Aufstieg des **Korporatismus** und die daraus resultierende Vereinnahmung durch die Regulierungsbehörden kritisiert, da große Unternehmen zu viel Macht und Einfluss auf den politischen Entscheidungsprozess ausüben. In neoliberalen Systemen können bestimmte Institutionen „zu groß werden, um zu scheitern", was zu einem moralischen Risiko führt, bei dem diese Institutionen ein risikoreicheres Verhalten an den Tag legen als nötig, in der Gewissheit, dass die Regierung bei Bedarf Hilfe leisten wird. Es ist auch wichtig, festzustellen, dass der Neoliberalismus zwar auf breite Kritik stößt, aber auch unbestreitbar das Wirtschaftsmodell der heute am höchsten entwickelten Länder ist. Länder und supranationale Organisationen, die sich die neoliberale Politik zu eigen gemacht haben, wie die Vereinigten Staaten, Kanada, die Mehrheit der Europäischen Union, Japan, Australien und Neuseeland, repräsentieren hoch entwickelte, demokratische Gesellschaften mit starken Traditionen der individuellen Rechte.

PRIVATBESITZ & FREIHEIT DES EINZELNEN

Einer der Eckpfeiler des neoliberalen Denkens ist, dass der Menschheit am besten gedient ist, wenn die Menschen frei sind, ihre eigenen Ziele zu verfolgen, indem sie privates Eigentum nutzen. Zur Veranschaulichung dieses Punktes können wir das Beispiel der Kombination der Produktionsmittel – Land, Arbeit und Kapital – in einem neoliberalen System nehmen.

Stellen wir uns eine hypothetische Fabrik vor, die Glühbirnen herstellt und einem Privatmann gehört. Der Privatmann kauft oder mietet die notwendige Ausrüstung, um Glühbirnen zu beschaffen, herzustellen und auf einem Markt zu vertreiben. Er schließt Verträge mit Arbeitnehmern ab, die ihre Zeit gegen einen vereinbarten Lohn eintauschen, und der Fabrikeigentümer behält den produzierten Mehrwert als Gewinn.

In einem neoliberalen Wirtschaftssystem basiert der gesamte Prozess der Glühlampenherstellung auf persönlicher Freiheit und Privateigentum. Die Anlagen werden nach den Grundsätzen der freien Assoziation gekauft, verkauft oder vermietet, wobei Unternehmen und Einzelpersonen entscheiden, mit wem sie Geschäfte machen und mit wem nicht. Im Beispiel des hypothetischen Arbeitnehmers geht dieser freiwillig eine Vereinbarung ein, seine Arbeitskraft gegen einen vereinbarten Geldwert einzutauschen. Der Arbeitnehmer ist nicht gezwungen, diese Vereinbarung einzugehen, und es steht ihm frei, aus der Vereinbarung auszusteigen, um eine Tätigkeit auszuüben, die seinen Wünschen oder Fähigkeiten besser entspricht. Allerdings steht es auch dem Fabrikbesitzer frei, aus dieser Vereinbarung auszusteigen und damit die freie Assoziation der Parteien zu beenden.

Was das Land und das Kapital betrifft, so steht es dem Fabrikeigentümer ebenfalls frei, seine eigenen Ziele zu verfolgen, sofern dies sinnvoll ist. Statt einer Glühbirnenfabrik kann er beschließen, Computerchips oder Industriechemikalien zu produzieren, die Fabrik abzureißen und Wohnimmobilien oder Büroflächen zu entwickeln oder sie einfach als leeres Grundstück zu belassen. Da jedoch unbebautes Land für den Eigentümer wahrscheinlich nicht wirtschaftlich produktiv ist, besteht für den Privatmann ein Anreiz, das Land für wirtschaftliche Aktivitäten zu erschließen. Indem er seinem freien Willen nachgeht, erhalten andere Arbeitsplätze, Verbraucher erhalten Zugang zu Gütern, Dienstleistungen oder einen Platz zum Wohnen. Aus neoliberaler Sicht besteht der beste Weg, der Gesellschaft zu dienen, darin, dem Einzelnen die Freiheit zu lassen, mit seinem Besitz zu tun, was er will, da sein Eigeninteresse an der Gewinnmaximierung zu einem Nettonutzen für die Gesellschaft als Ganzes führen wird.

Jeder, der Erfahrungen als Mensch in der Gesellschaft hat, kann jedoch feststellen, dass das Verfolgen von Eigeninteressen nicht immer im besten Interesse der Gesellschaft als Ganzes ist. Ausbeutung ist so alt wie die Menschheit selbst. Wie also können diese Interessen in einer neoliberalen Gesellschaft ausgeglichen werden?

MARKTREGULIERUNG

Am Beispiel der Glühbirnenfabrik können wir beobachten, wie die täglichen Interaktionen in einem klassisch liberalen System ablaufen können, in dem die Regierung wenig bis gar keine Verantwortung für die Regulierung des Unternehmens übernimmt.

In einem klassisch liberalen System kann der Eigentümer der Fabrik genügend Kapital anhäufen, um die Kontrolle über die gesamte Lieferkette für die Herstellung von Glühbirnen zu übernehmen. Nach der Konsolidierung kann er das Land und das Kapital der Konkurrenten aufkaufen und so die Kontrolle über den Markt erlangen. Nach dieser Zentralisierung und Akkumulation können die Anreize, der Gesellschaft ein besseres Produkt anzubieten, verschwinden, da die Wettbewerber aus dem Markt gedrängt oder am Markteintritt gehindert werden. Es könnte ein Monopol entstehen, das die Innovation einschränkt und die Verbraucher schädigt. Oder sie nähern sich ähnlichen Unternehmen mit der Idee der geplanten Obsoleszenz an und bilden im Grunde ein Kartell, das ein minderwertiges Produkt herstellt. Es gäbe wenig bis gar keine Regulierung in Bezug auf Arbeitsbedingungen oder Umweltauswirkungen.

Im umgekehrten Fall könnte der Fabrikeigentümer mit Vorschriften konfrontiert werden, die die Bedingungen zu starr machen und zu Ineffizienz und Problemen in der Produktion führen. Möglicherweise darf er das Land für den Bau der Fabrik gar nicht erst erschließen oder die Arbeitsmarktvorschriften zwingen ihn zur Schließung, weil das Unternehmen unrentabel ist.

Aus der Sicht des Neoliberalen sind beide Bedingungen zu vermeiden. In einem neoliberalen System fungiert die Regierung als Schiedsrichter in einem freien Markt, indem sie den Unternehmen Beschränkungen auferlegt, um Innovationen zu fördern und den Markteintritt zu erleichtern. Durch diese Politik werden den Verbrauchern und der Gesellschaft insgesamt bessere Produkte zu besseren Preisen geboten. Es werden grundlegende Arbeitsbedingungen garantiert, um die Ausbeutung von Arbeitskräften einzudämmen. Die Unternehmen sollen für ihre Umweltauswirkungen und alle negativen externen Effekte, die sie der Gesellschaft auferlegen, zur Verantwortung gezogen werden. Wettbewerbsvorteile werden genutzt, indem Handelshemmnisse zwischen willigen Parteien abgebaut werden.

Das mag zwar alles ideal klingen, aber es ist wichtig, zu wissen, dass Wirtschaftstheorien nicht in einem Vakuum funktionieren. Ehrgeizige Menschen werden immer egoistische und potenzielle Pläne haben, die sich dann auf jedes wirtschaftliche oder politische System auswirken, das wir entwerfen können. Die Deregulierung des Bankensektors in den USA in den 2000er Jahren wird weitgehend als eine Ursache für die Finanzkrise von 2008 angesehen, die sich ähnlich wie die Depression von 1929 über die ganze Welt ausbreitete.

REDUKTION DES SOZIALSTAATS

Da der Neoliberalismus das Konzept der persönlichen Freiheit als vorrangig ansieht, erfordert er auch die Übernahme von Eigenverantwortung. Die Neoliberalen argumentieren, dass eine großzügige Wohlfahrtspolitik den Anreiz zur Arbeit verringert, da viele Menschen sich der Arbeit entziehen, um von den staatlichen Programmen zu leben. Dies muss jedoch mit der Notwendigkeit abgewogen werden, einen grundlegenden Lebensstandard innerhalb einer Gesellschaft zu gewährleisten. Es stellt sich also die Frage, wie wirtschaftliche Organisationen am besten dazu beitragen können, den Lebensstandard für die meisten Menschen zu erhöhen.

Die Sicherung dieses grundlegenden Lebensstandards erfolgt in den meisten Wirtschaftssystemen durch die Umverteilung von Reichtum von denen, die ihn haben, zu denen, die ihn nicht haben. Die Neoliberalen vertreten die Auffassung, dass diese Umverteilung nicht so hoch sein sollte, dass sie die Abhängigkeit von staatlichen Sozialleistungen fördert, sondern so, dass der Einzelne ermutigt wird, sich wirtschaftlich zu betätigen, um sich selbst und seine Lebenssituation zu verbessern. Ein Beispiel dafür ist Milton Friedmans Idee eines negativen Einkommensteuersatzes, bei dem diejenigen, die in einer Gesellschaft am wenigsten verdienen, ihren Lohn über dem Marktwert subventioniert bekommen, finanziert durch Steuern der oberen Klassen. Auf diese Weise, so argumentierte Friedman, würde ein Anreiz zur Arbeit geschaffen. Dies würde ein sogenanntes „Trittbrettfahrer"-Problem verhindern, bei dem Menschen die Arbeit zugunsten eines vollständig durch staatliche Programme finanzierten Lebens meiden könnten.

Im Rahmen der neoliberalen Theorie können Ungleichheit und Armut auch durch die Beseitigung bestimmter Marktzutrittsschranken gemildert werden. Nehmen wir zur Veranschaulichung das Beispiel einer hypothetischen alleinerziehenden Mutter, die den Mitgliedern ihrer Gemeinschaft Friseurdienstleistungen anbieten möchte. In vielen Systemen müsste diese Frau eine zertifizierte Ausbildung absolvieren und eine Berufszulassung erhalten, was eine unangemessene finanzielle Belastung und damit ein Hindernis für den Markteintritt darstellen könnte. Auch wenn ihre Fähigkeiten und Talente die derjenigen, die diese Hindernisse überwinden können, übersteigen, kann sie von der Wirtschaftstätigkeit ausgeschlossen werden, so dass sie unterbeschäftigt oder arbeitslos ist. Der Neoliberale argumentiert, dass die Marktkräfte darüber entscheiden sollten, wer qualifiziert ist und wer nicht, insbesondere bei Dienstleistungen, bei denen Fehler nur relativ geringe Folgen haben.

Ein vernünftiger Mensch würde sicherlich nicht behaupten, dass Berufe wie Arzt, Bauingenieur, Rechtsanwalt und Pilot keine Befähigungsüberprüfung und Berufszulassung erfordern sollten. In diesen Bereichen können Fehler drastisch und tödlich sein. Der Neoliberale argumentiert jedoch, dass die Bürokratie, die für die Erteilung von Lizenzen und Genehmigungen zuständig ist, gemäßigt werden muss, um keine unnötigen Zugangshindernisse zu schaffen.

Dieses Beispiel veranschaulicht die neoliberale Sichtweise auf Sozialleistungen. Zwar sollte die Gesellschaft gegen Armut vorgehen, doch sind Marktlösungen vielleicht die geeignetere Methode. Die neoliberale Theorie zielt darauf ab, denjenigen, die versuchen, sich zu verbessern, die Mittel an die Hand zu geben, um eine erfüllende wirtschaftliche Tätigkeit auszuüben, und gleichzeitig alle Hindernisse zu begrenzen oder zu beseitigen, die diese Bemühungen behindern könnten.

EIN WIRTSCHAFTSSYSTEM FÜR DIE GEWINNER DER GESELLSCHAFT?

Eine der umstrittensten Debatten über die wirtschaftliche Organisation der Gegenwart betrifft die Ungleichheit des Reichtums. Nach der neoliberalen Sichtweise sollten zwar alle vor den Gesetzen der Gesellschaft gleich sein, aber die Talente, Anstrengungen und Erfolge des Einzelnen werden immer ungleich sein. Sie behaupten, dass der Lohn einer Person ein direktes Ergebnis des Wertes ist, den sie für die Gesellschaft erbringt. Je höher der Wert der eigenen Leistung für die Menschheit als Ganzes ist, desto höher ist auch der Lohn und damit der Reichtum.
Kritiker behaupten, dass dies keine universelle Wahrheit ist. Bietet der Banker, der die Risiken von Finanzprodukten für Pensionsfonds falsch darstellt, mehr Wert für die Gesellschaft als der Lehrer? Ist der Social-Media-Influencer wichtiger als die Krankenschwester? Es wird auch argumentiert, dass die Reduzierung des Wertes von Menschen auf eine einzige Zahl in vielen Fällen unglaublich entmenschlichend und ungenau ist. Schließlich kann niemand leugnen, welche Bedeutung Vincent van Gogh für die Kunst und Kultur hatte, und er starb als unbekannter, verarmter Künstler.

Diejenigen, die neoliberale Ansichten vertreten, argumentieren, dass Ungleichheit für die Motivation des Einzelnen wesentlich ist. Sie sind der Ansicht, dass die Position einer Person im Leben das Ergebnis ihrer individuellen Entscheidungen und des Maßes an Anstrengung ist, dass sie für ihre Bemühungen aufwendet. Sie argumentieren, dass es unmoralisch ist, diejenigen zu bestrafen, die von Natur aus in lukrativen Tätigkeiten begabt sind, oder diejenigen, die ihre Zeit damit verbracht haben, Fähigkeiten zu entwickeln, um das Leben derjenigen zu verbessern, die entweder nicht die gleiche natürliche Begabung haben oder denen die Kraft oder der Wille fehlt, ihre Fähigkeiten zu entwickeln. Die Neoliberalen argumentieren, dass der Staat im Grunde genommen Erpressung betreibt, indem er den Arzt, der jahrzehntelang sein Handwerk ausgeübt hat, das für den Rest der Gesellschaft von großem Nutzen ist, dazu zwingt, das Leben des ‚faulen Trinkers' zu subventionieren.

Ein weiterer Kritikpunkt am Neoliberalismus ist die mögliche Verbindung zum Korporatismus, d. h. die Vorstellung, dass Unternehmen in neoliberalen Gesellschaften durch Lobbying und die Übernahme von Vorschriften zu viel politische Macht ausüben. Aus dieser Perspektive hört der Staat auf, ein unparteiischer Schiedsrichter der Märkte zu sein, und wird stattdessen aktiv und interveniert für die Interessen der Eliten innerhalb der Gesellschaft. Befürworter des Neoliberalismus mögen entgegnen, dass die Konsolidierung und der politische Einfluss der Elite ein Nebeneffekt der menschlichen Natur seien, und auf Beispiele für genau diese Prozesse in einer Vielzahl von Wirtschaftstheorien verweisen.

BEISPIEL USA: UNBEGRENZTE MÖGLICHKEITEN & SOZIALES RISIKO

Eines der besten Beispiele für den zeitgenössischen Neoliberalismus findet sich in den Vereinigten Staaten. Vor allem als Reaktion auf den wirtschaftlichen Abschwung in den 1970er Jahren begannen die USA, neoliberale Maßnahmen wie die Deregulierung einzuführen. Die neoliberale Theorie, die sowohl von den Demokraten als auch von den Republikanern übernommen und ausgeweitet wurde, hatte tiefgreifende Auswirkungen auf die amerikanische Unternehmenskultur. Unternehmen wie Nike, Apple, Pfizer, Coca-Cola und Microsoft sind weltweit anerkannte und einflussreiche Marken. Die Namen Elon Musk, Bill Gates, Mark Zuckerberg und Jeff Bezos sind international bekannt. Die Superreichen in den Vereinigten Staaten haben ihren Reichtum selbst geschaffen: 69 % haben ihr Vermögen selbst erwirtschaftet, während 70 % der deutschen Milliardäre ihr Vermögen geerbt haben. Die Vereinigten Staaten sind zudem die größte Wirtschaft und der größte Verbrauchermarkt der Welt. Die amerikanischen Gehälter und Löhne sind im Vergleich zu anderen Industrienationen tendenziell höher und die Besteuerung ist relativ progressiv.

Die Vereinigten Staaten haben jedoch auch ihre Schattenseiten. Praktisch alle Amerikaner leben unter dem „at-will"-Arbeitsrecht, was bedeutet, dass Arbeitnehmer jederzeit mit oder ohne Grund gekündigt werden können. Urlaubszeit, Vaterschaftsurlaub und Lohnfortzahlung im Krankheitsfall sind keine staatlich garantierten Rechte amerikanischer Arbeitnehmer. Außerdem sind die Leistungen bei Arbeitslosigkeit im Vergleich zu anderen Industrieländern wesentlich weniger großzügig und haben eine kürzere Laufzeit. Laut GINI-Index ist die Vermögensungleichheit in den USA eine der höchsten in der entwickelten Welt und auch die Gewaltkriminalität ist in den USA höher als in anderen Industrieländern. Die amerikanische Mentalität ist weitgehend von Individualismus geprägt. Im Vergleich zwischen den Industrienationen haben die Amerikaner in der Regel eine größere Risikobereitschaft, während andere Industrienationen risikoscheu sind. Infolgedessen sind die Amerikaner möglicherweise bereit, Beschäftigungssicherheit gegen höhere Löhne, niedrigere Steuern und weniger Regulierung einzutauschen.

Finanzwirtschaft

Die Finanzwirtschaft, als Teilbereich der Volkswirtschaftslehre, beschäftigt sich im privaten Bereich mit der Versorgung mit Fremd- und Eigenkapital. Unterteilt wird diese in **Investition**, **Finanzierung** und **Risikomanagement**. Sie ist besonders für Analysen und zukünftige Entscheidungsprozesse von Bedeutung.

Fremd- und Eigenkapital

Man unterscheidet in der Finanzwirtschaft zwischen Eigen- und Fremdkapitalgeber. Eigenkapitalgeber sind Unternehmer, Eigentümer oder auch Halter von Aktien. Fremdkapitalgeber hingegen sind Banken oder andere Kreditinstitute. Die Geldvergabe erfolgt hier über Kredite oder Anleihen. Vergleicht man diese beiden in Bezug auf Haftung und Gewinnanteil, so gibt es einige entscheidende Unterschiede. Ein Eigenkapitalgeber hat volle Teilhabe am Gewinn und Verlust. Er haftet dadurch aber auch mindestens in der Höhe seiner Einlage. Ein Fremdkapitalgeber hingegen hat in der Regel nur einen festen Zinsanspruch. Er wird nicht am Gewinn beteiligt und untersteht durch seine Gläubigerstellung keinerlei Haftung. Im Falle einer Geschäftsauflösung haben Eigenkapitalgeber einen Quotenanspruch auf das Vermögen. Voraussetzung dafür ist allerdings, dass der Liquidationserlös höher ist als die Schulden. Der Fremdkapitalgeber hat immer nur einen Anspruch in Höhe seiner Forderungen, d. h. Kredit und Zins. Eigenkapitalgeber sind zudem häufig dazu berechtigt, das entsprechende Unternehmen zu leiten. Im Gegensatz dazu werden die Fremdkapitalgeber von der Firmenleitung ausgeschlossen.

Die 3 Säulen der Finanzwirtschaft

Unterteilt werden die Finanzwissenschaften in die drei folgenden Bereiche:

Investition:

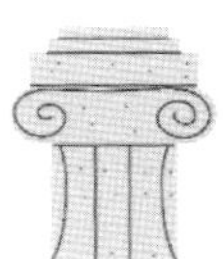

Als Investitionen werden zielgerichtete Bindungen von Kapital bezeichnet. Diese können sowohl kurzfristig als auch längerfristig sein. Ziel ist es, mit dem angelegten Geld in der Zukunft höhere Gewinne zu erwirtschaften. Unterschiede findet man in Art, Zweck und Funktion des investierten Objekts. Investitionen müssen nicht grundsätzlich finanzieller Natur sein, auch Investitionen in Humankapital sowie Informationsinvestitionen sind möglich.

Finanzierung:

Die Finanzierung bezeichnet die Versorgung mit Kapital. Man kann zwischen Außen- und Innenfinanzierung unterscheiden. Eine Außenfinanzierung liegt vor, wenn Geldanlagen in Form von beispielsweise Darlehen über einen Kapitalmarkt in eine Firma fließen. Bei der Innenfinanzierung geht es darum, Kapital innerhalb einer Firma bereitzustellen, das kann beispielsweise durch Vermögensumschichtungen erreicht werden.

Risikomanagement:

Bei dem Risikomanagement geht es darum, durch Analysen des Unternehmens Risikofaktoren auszumachen und einzuschätzen. Nur wenn potenzielle Risikoquellen identifiziert wurden, kann ein Unternehmen Einfluss auf den Zahlungsstrom nehmen. Die Risiken werden in rechtliche und politische sowie Marktrisiken unterschieden.

GRUNDLAGEN DER FINANZWIRTSCHAFT

Um die Grundlagen der Finanzwirtschaft zu verstehen, gilt es, einige Begriffe genauer zu erläutern, die bei dieser Thematik von großer Wichtigkeit sind:

Zinsen

Zinsen sind der Preis für das Leihen von Geld. Die Höhe der Zinsen hängt dabei vom vereinbarten Zinssatz ab. Dieser wird immer in % angegeben und bezieht sich auf den Betrag des geliehenen Geldes. Im Folgenden werden einige Arten der Zinsen beschrieben.

Einlagenzins: Menschen lagern ihr Geld auf einem Bankkonto. Um das attraktiver zu gestalten, zahlt die Bank dafür den Einlagenzins. Dieser richtet sich dabei nach dem allgemeinen Zinsniveau und der Höhe des angelegten Betrages. Generell gilt, je länger ein Geldbetrag fest angelegt wird, desto höher ist auch der Zinssatz.

Kreditzins: Reichen die Ersparnisse für eine Investition nicht aus, so kann man sich bei der Bank einen Kredit geben lassen, sich also Geld leihen. Aber auch das hat seinen Preis, denn dafür muss man Zinsen bezahlen. Wie hoch diese sind, hängt u. a. davon ab, wie kreditwürdig der Kunde ist. Je höher das Risiko für die Bank ist, ihr Geld nicht zurückzubekommen, desto höher ist auch der Zinssatz. Berücksichtigt wird auch die Laufzeit des Kredits.

Leitzins: Der Leitzinssatz hat großen Einfluss auf alle anderen Zinsarten. Wenn Banken Geld benötigen, leihen sie sich dieses bei der Zentralbank. Auch dafür müssen sie Zinsen bezahlen. Die Höhe dieser Zinsen in % ist der Leitzinssatz. Dieser wird im europäischen Raum von der Europäischen Zentralbank (EZB) festgelegt. Seine Höhe wird so bestimmt, dass die Kaufkraft des Geldes möglichst stabil bleibt.

Die angegebenen Zinsarten werden in den **Nominalzinssätzen** angegeben. Zieht man von den Zinssätzen die Inflationsrate ab, so spricht man von den **Realzinssätzen**.

Liquidität

Die Zahlungsfähigkeit eines Unternehmens wird als Liquidität bezeichnet. Kann ein Unternehmen Rechnungen im gesetzten Zeitraum ohne Probleme zahlen, ist es liquide. Zu den Zahlungsverpflichtungen eines Unternehmens gehört nicht nur das Begleichen von Rechnungen gegenüber Lieferanten, sondern auch das Zahlen von Gehältern, Miet- und Nebenkosten. Von Zahlungsunfähigkeit oder Illiquidität eines Unternehmens wird gesprochen, wenn es Rechnungen und Gehälter erst verspätet oder gar nicht zahlen kann. Langfristig gesehen führt Illiquidität zur Insolvenz.

Insolvenz

Als insolvent wird ein Unternehmen, aber auch eine Privatperson bezeichnet, die nicht mehr im Stande ist, ausstehende Zahlungen zu begleichen. Die Insolvenz ist damit die akute oder drohende Zahlungsunfähigkeit. Es gibt drei Gründe, um ein sogenanntes Insolvenzverfahren zu eröffnen: Zahlungsunfähigkeit, drohende Zahlungsunfähigkeit und Überschuldung.

Für zukünftige Planungen sind berechenbare Kennzahlen von Vorteil. Es gibt drei Liquiditätsgrade, die dabei helfen, mögliche Schwierigkeiten bei Zahlungen frühzeitig zu erkennen.

$$Liquidität\ 1. Grades = \frac{liquide\ Mittel}{kurzfristige\ Verbindlichkeiten}\ x\ 100\ \%$$

$$Liquidität\ 2. Grades = \frac{liquide\ Mittel + Wertpapiere + kurzfristige\ Forderungen}{kurzfristige\ Verbindlichkeiten}\ x\ 100\ \%$$

$$Liquidität\ 3. Grades = \frac{gesamtes\ Umlaufvermögen}{kurzfristige\ Verbindlichkeiten}\ x\ 100\ \%$$

Sowohl zu hohe als auch zu niedrige Liquidität kann einer Firma schaden. Zu niedrige Liquidität führt auf Dauer zur Zahlungsunfähigkeit und damit zur Insolvenz. Zu hohe Liquidität ist hingegen nicht existenzbedrohend, aber auch nicht rentabel für ein Unternehmen.

Shareholder vs. Stakeholder

Sowohl Shareholder als auch Stakeholder sind Interessengruppen, die in einer Beziehung zu einem Unternehmen stehen. Als Shareholder werden Anteilseigner eines Unternehmens bezeichnet. Der Begriff **Shareholder** wird vor allem bei börsennotierten Unternehmen verwendet. Bei den Anteilen handelt es sich am häufigsten um Aktien.

Aktien

Eine Aktie ist ein kleiner Anteil an einem Unternehmen, das Aktiengesellschaft (AG) heißt. Wer eine oder mehrere Aktien eines Unternehmens besitzt, ist ein Aktionär und wird dadurch Miteigentümer am Unternehmen. Unternehmen geben Aktien aus, um Eigenkapital für beispielsweise zukünftige Investitionen zu bekommen. Aktionäre nehmen durch ihre Geldanlage an der wirtschaftlichen Entwicklung des Unternehmens teil.

Stakeholder hingegen sind Personen, Gruppen oder Organisationen, die im Allgemeinen eine wichtige Rolle für das Unternehmen spielen. Sie haben Ansprüche und unterschiedliche Erwartungen an das Unternehmen. Dabei ist es nicht zwingend notwendig, dass sie Eigenkapital investiert haben. Beispiele für Stakeholder sind Mitarbeiter, Kunden, Umweltgruppen oder der Staat.

Man kann außerdem zwischen *internen* und *externen* Anspruchsgruppen unterscheiden. Zu den internen Anspruchsgruppen gehören alle Personen, die direkt im Unternehmen involviert sind, z. B. Mitarbeiter. Zu den externen Anspruchsgruppen zählen Personen, die nicht direkt Teil der Firma sind, aber dennoch eine Beziehung zu dem Unternehmen haben, z. B. Kunden oder der Staat.

Umsatz/Gewinn

Die Begriffe Umsatz und Gewinn werden im Alltag oft als Synonyme verwendet. Betriebswirtschaftlich muss man diese beiden Begriffe jedoch klar voneinander trennen.

Zum Umsatz gehören alle Einnahmen, die ein Unternehmen für den Verkauf von Produkten oder Dienstleistungen erhält. Er wird wie folgt berechnet:

$$Umsatz = \sum Preis \; x \; Absatzmenge$$

Der Gewinn wiederum ist nur der Teil des Umsatzes, der nach Abzug der Kosten übrig bleibt.

$$Umsatz = \sum Preis \; x \; Absatzmenge - Kosten$$

In der Regel geht mit einem hohen Umsatz aber nicht gleich auch ein höherer Gewinn einher. Es kann sogar sein, dass trotz gutem Umsatz keine Gewinne in einem Unternehmen eingefahren werden, weil die Kosten für Produktion und andere Ausgaben einfach zu hoch sind. Gerade bei Start-up-Unternehmen ist das am Anfang häufig der Fall.

FINANZMÄRKTE

Der Finanzmarkt ist allgemein der Markt, auf dem Finanzierungmittel angeboten und nachgefragt werden. Man kann diesen unterscheiden in den **Geldmarkt**, den **Kapitalmarkt**, den **Kreditmarkt** und den **Devisenmarkt**.

Geldmarkt

Der Geldmarkt ist ein Markt für den Handel mit kurzfristigen Finanzmitteln. Die Laufzeit beträgt bei diesen bis zu einem Jahr. Überwiegend wird mit Zentralbankguthaben Handel betrieben. Dies erfolgt in Form von Tages- und Monatsgeldern sowie in Form von Dreimonatsgeld und Geldmarktpapieren. Marktteilnehmer am Geldmarkt sind die Europäische Zentralbank (EZB) und die Deutsche Bundesbank sowie Geschäftsbanken. Die Zinssätze am Geldmarkt werden im Wesentlichen vom Leitzins der Zentralbank beeinflusst.

Kapitalmarkt

Der Kapitalmarkt ist der Markt für mittel- oder langfristige Anlagen von Wertpapieren. Man unterscheidet hier den **Anleihenmarkt** oder **Rentenmarkt** und den **Aktienmarkt**. Renten- und Aktienmarkt können weiterhin in Primär- und Sekundärmarkt unterschieden werden.

Anleihenmarkt/Rentenmarkt: Der erste Teilbereich des Kapitalmarktes ist der Anleihenmarkt, auch als Rentenmarkt bezeichnet. Hier werden Anleihen gehandelt, also fest verzinste Wertpapiere. Diese geben dem Anleger das Recht auf Rückzahlung sowie Zahlung eines festgelegten Zinssatzes. Diese werden auch als Rentenpapiere bezeichnet.

Aktienmarkt: Der zweite Teilbereich des Kapitalmarktes ist der Aktienmarkt. Hier wird der börsliche und außerbörsliche Handel mit Aktien betrieben.

Primärmarkt: Auf dem Primärmarkt werden Finanzprodukte wie Anleihen oder Rentenpapiere gehandelt, die neu auf dem Markt angeboten werden.

Sekundärmarkt: Auf dem Sekundärmarkt werden nur Finanzprodukte gehandelt, die bereits in Umlauf waren und sind.

Man bezeichnet den Wertpapiermarkt an der Börse auch als organisierten Kapitalmarkt. Im Gegensatz dazu gibt es den nicht organisierten Kapitalmarkt. Dort werden Darlehen, Beteiligungen und Hypotheken entweder direkt zwischen Anbietern und Nachfragern oder indirekt über Banken gehandelt.

Kreditmarkt

Der Kreditmarkt ist ein Markt, auf dem mit Krediten gehandelt wird. Individuelle bilaterale Kreditverträge sind das Merkmal des Kreditmarktes. Der Kreditmarkt bringt den Kreditnehmer mit einem Kreditinstitut zusammen und es entsteht ein Darlehensvertrag.

Devisenmarkt

Der Devisenmarkt beinhaltet den Handel mit Währungen aus anderen Ländern. Dieser wird daher auch als Fremdwährungsmarkt oder, aus dem Englischen, Forex (*foreign exchange market*) bezeichnet. Er ist wie die anderen Märkte Teil des Finanzmarktes.

DIE SCHULDENBREMSE

Wie andere Länder auch, nimmt Deutschland Kredite auf, wenn die Einnahmen aus den Steuern die Ausgaben nicht decken. Das sorgte allerdings dafür, dass die Staatsverschuldung Deutschlands im Jahr 2010 auf einem Höchstwert von 2.000.000.000.000 (Billionen) Euro angekommen war. Noch wichtiger als dieser Wert ist allerdings die Staatsschuldenquote, die die Schulden im Verhältnis zum BIP angibt. 2010 lag diese bei 82 %. Die EU macht ihren Mitgliedsstaaten allerdings die Vorgabe, dass diese Quote nur bei 60 % liegen darf. 2009 wurde die Schuldenbremse beschlossen, die die Staatsverschuldung von Deutschland begrenzen sollte. Diese besagt, dass eine Neuverschuldung Deutschlands pro Jahr maximal 0,35 % des BIP betragen darf. Die Bundesländer dürfen dabei keine neuen Schulden aufnehmen. Die Einführung der Schuldenbremse war so wichtig, dass diese sogar im Grundgesetz, im Artikel 109, festgehalten wurde. Und die Schuldenbremse zeigte ihre Wirkung: 2019 lag die Staatsschuldenquote mit 59,8 % das erste Mal unter den vorgegebenen 60 %.

Allerdings gibt es auch für die Schuldenbremse Vor- und Nachteile. Großer Vorteil ist, dass diese ihr Ziel erreicht hat, nämlich die Staatsschuldenquote nachhaltig zu senken. Sie ist also auch ein Beitrag zur Generationengerechtigkeit, da zukünftige Generationen diese Schulden nun nicht mehr mittragen müssen. Dennoch gibt es auch Nachteile, so z. B., dass die Schuldenbremse wichtige Investitionen des Staates ausbremst. In der aktuellen Niedrigzinsphase kann sich der Staat das Geld zudem sehr günstig leihen und laut Kritikern schränkt sie die Budgethoheit des Parlaments ein. Diese ermächtigt die exekutive Gewalt, die im Haushaltsplan festgelegten Einnahmen und Ausgaben vorzunehmen.

Schwarze 0

Der Begriff schwarze 0 wird als Synonym für die Schuldenbremse verwendet. Das ist allerdings nicht ganz richtig, denn die schwarze 0 geht noch weiter als die Schuldenbremse. Gemäß ihr soll der Staatshaushalt ausgeglichen sein, d. h., die Einnahmen sollen die Ausgaben komplett decken und dadurch soll keine neue Verschuldung nötig sein. Zudem ist die schwarze 0 nicht Teil des Grundgesetzes.

INFLATION

Ein normaler Entwicklungsprozess in der Marktwirtschaft ist der, dass Preise von Gütern und Dienstleistungen immer wieder sinken und steigen. Ist allerdings eine allgemeine Steigerung in den Güterpreisen zu verzeichnen und nicht nur die Preise einzelner Produkte verändern sich, dann spricht man von einer Inflation. Das bedeutet, dass sich die Kaufkraft des Geldes verringert, sprich: Hat man vor ein paar Jahren für 10 Euro 10 Äpfel bekommen, so kann man heute mit 10 Euro nur noch 5 Äpfel kaufen. Die 10 Euro sind also weniger wert als zuvor.

Die Inflationsrate wird mithilfe des **Verbraucherpreisindex** bestimmt. Dazu wird ein Warenkorb aus Waren festgelegt, die private Haushalte während eines Jahres konsumieren. Die Inflationsrate wird durch den Preis des gesamten Warenkorbs bestimmt, der mit dem Preis für dieselben Waren aus dem Vorjahr verglichen wird. Problematisch ist das Warenkorbsystem, da sich das Kaufverhalten der Konsumenten jährlich ändert. Es kommen neue Produkte auf den Markt oder es wird auf günstigere Alternativen ausgewichen. Dieses Problem wird nur unzureichend berücksichtigt.

Eine Inflation ist allerdings nicht immer schädlich für eine Volkswirtschaft, sie kann sogar die Wirtschaft ankurbeln. Eine leichte Inflation z. B. hat eine nachfragesteigernde Wirkung, da die Menschen ihr Geld loswerden möchten, um der Geldwertminderung zu entgehen. Bei einer schweren Inflation hingegen verliert das Geld seine Wertaufbewahrungsfunktion und es kommt zur Kapitalflucht.

Kapitalflucht

Als Kapitalflucht wird die Übertragung von Vermögenswerten, wie z. B. von Geld oder Wertpapieren, in andere Länder als das eigene bezeichnet. Das dient vor allem dem Ziel der Sicherung des Kapitals, man möchte so beispielsweise einer Inflation entgehen. Für die Kapitalflucht gibt es aber auch andere Gründe, etwa krimineller Natur, wie z. B. Steuerhinterziehung, Geldwäsche, Niedrigzinspolitik auf nationaler Ebene, eine hohe Steuerlast und die Ablehnung finanzieller Solidarität.

Für die Erhaltung der Geldwertstabilität ist die EZB (Europäische Zentralbank) zuständig. Das Ziel dabei ist eine jährliche Inflationsrate von unter 2 %. Über eine Erhöhung des Leitzinses kann die EZB die Geldmenge verknappen und damit eine Inflation eindämmen.

Deflation

Die Deflation stellt das Gegenteil zur Inflation dar. Es handelt sich um einen stetigen Rückgang des Preisniveaus, d. h, alle Güter und Dienstleistungen werden günstiger. Bezieht sich die Deflation nicht auf alle Branchen einer Volkswirtschaft, so spricht man von einer Teildeflation. Eine Deflation kann ganz einfach durch den Rückgang der Nachfrage der privaten Haushalte, des Staates oder des Auslandes entstehen. Auch Unternehmen können die Preise senken, um die Nachfrage anzukurbeln, damit beispielsweise unausgelasteten Produktionskapazitäten entgegengewirkt wird. Es wird in zwei Arten von Deflation unterschieden:

- Die **Geldwertdeflation**: Hierbei handelt es sich um die gefährlichste Art der Deflation, da sich die tatsächlich im Umlauf befindliche Geldmenge verkleinert. Das bedeutet wiederum eine nicht gewährleistete Versorgung der Wirtschaft mit Geld.
- Die **Preisdeflation**: Bei dieser Art der Deflation sinken die Preise. Ist die nahende Preisdeflation bei den Konsumenten bekannt, so fürchten Ökonomen eine Konsumverschiebung, d. h., der Kauf eines Produkts wird auf später verlegt, um die günstigeren Preise abzuwarten.

Im schlimmsten Fall kann eine Deflation eine Tiefphase im Konjunkturzyklus einer Volkswirtschaft auslösen.

Inflation 1923

Nach dem 1. Weltkrieg hatte Deutschland viele Schulden. Um diese zu begleichen, druckte die deutsche Regierung viel Geld. Dadurch war der einzelne Geldschein viel weniger wert, eine Inflation kam zustande. Da allerdings so viel Geld bereits gedruckt war, stiegen auch die Löhne und Preise von Waren ins Unermessliche. So kostete beispielsweise 1923 ein Brot 2 Millionen Mark. Eine solch starke Inflation wird auch als **Hyperinflation** bezeichnet. Diese Maßnahme war für den Staat gut, denn die Schulden, die er hatte, waren viel weniger wert. Für private Haushalte bedeutete dies allerdings, dass ihre gesamten Ersparnisse von einem auf den anderen Tag nichts mehr wert waren. Das führte zu einem wirtschaftlichen und politischen Chaos und überall gab es Aufstände und Unruhen aufgrund großer Unzufriedenheit der Bevölkerung. Dieses Chaos nutzte im November 1923 Adolf Hitler für den sogenannten Hitlerputsch, der jedoch scheiterte. Dennoch führte das zu einer sich ausweitenden Radikalisierung der Menschen.

Die Lösung des Problems der Inflation war eine Währungsreform. Im November 1923 wurde die Rentenmark eingeführt. Eine Rentenmark entsprach dabei einer Billion Mark. Auch die Siegermächte des 1. Weltkriegs erkannten, dass horrende Forderungen an Deutschland keinen Sinn machen, und verringerten die Reparationszahlungen, sodass sich Deutschland in den Folgejahren wieder erholen konnte.

EXKURS: DIE WELTWIRTSCHAFTSKRISE 2008/2009

Die Verschuldung ist eines der mächtigsten Instrumente, die den Finanzsystemen zur Verfügung stehen. Durch Schulden bzw. Kredite können Menschen Häuser kaufen, Unternehmen expandieren und Regierungen ihre Bevölkerung mit Arbeitsplätzen und Sozialprogrammen versorgen. Wenn Schulden tragfähig sind, ermöglichen sie das Wachstum von Volkswirtschaften. Schulden können jedoch auch eine zerstörerische Kraft sein, welcher eine Wirtschaft ausgesetzt sein kann. Ein Beispiel dafür ist die Lage der Weltwirtschaft im Jahr 2008.

Seit dem Ende des Zweiten Weltkriegs und der explosionsartigen Ausbreitung der amerikanischen Vorstädte ist der Kauf eines Eigenheims ein fester Bestandteil des amerikanischen Traums. Die Deregulierung des Finanzsektors in den 1990er und frühen 2000er Jahren versprach, diesen Traum für Amerikaner zugänglicher zu machen, was zu einer Verschlechterung der Anforderungen für die Aufnahme einer Hypothek führte. Infolgedessen stieg die Nachfrage nach Hypotheken zusammen mit den Immobilienpreisen, die durch vermeintlich billige Kredite finanziert wurden.

Die Wirtschaftsverhältnisse waren gut, bis die amerikanische Wirtschaft im Jahr 2007 zu kollabieren begann. Viele waren nicht mehr in der Lage, ihre Hypotheken zu bezahlen. Die wirtschaftliche Realität zeigte, dass die Immobilienpreise künstlich aufgebläht waren und viele Banken immer riskantere Kredite vergeben hatten, um das Geschäftswachstum aufrechtzuerhalten. Diese riskanten Kredite wurden zusammen mit anderen Finanzprodukten an Investoren verkauft. Diese Kredite konnten nicht mehr getragen werden und begannen, zu scheitern, wodurch Finanzanlagen in Höhe von Milliarden Dollar im Wesentlichen wertlos wurden.

Auf europäischer Seite ermöglichten die niedrigen Zinssätze die Bildung von Vermögensblasen in mehreren europäischen Ländern. Darüber hinaus wurden die Regierungen mehrerer europäischer Länder abhängig von Krediten aus dem Ausland, um Regierungsprogramme zu finanzieren. Als sich die Kreditbedingungen in den Vereinigten Staaten und damit auch in Europa verschärften, konnten diese Länder ihre Kreditzahlungen nicht mehr mit neuen Schulden finanzieren. Das Ergebnis war die europäische Schuldenkrise.

Steuerkonservative Länder wie Deutschland sind bekannt für ihren verantwortungsvollen Umgang mit der Staatsverschuldung. Die deutschen Sozialprogramme sind zwar großzügig, aber die große Mehrheit der Bevölkerung zahlt ihre Steuern, um diese Programme zu finanzieren. Das ist nicht in allen Ländern der Fall.

Nachdem Griechenland im Jahr 2001 die Erlaubnis erhalten hatte, den Euro als Landeswährung einzuführen, wurde ihm sofort die Möglichkeit eingeräumt, sich billiger zu verschulden, da man davon ausging, dass die Kreditvergabe an Griechenland nun weniger riskant sei. Diese Risikowahrnehmung war weitgehend auf die Finanzkraft Deutschlands und Frankreichs zurückzuführen, die dieselbe Währung verwenden. Was die Gläubiger jedoch nicht sahen, war, dass die Statistiken, die Griechenland vorgelegt hatte, um Zugang zum Euro zu erhalten, nicht die wahre Realität der griechischen Staatsfinanzen widerspiegelten. Da der Euro spezifische Kriterien für die Staatsverschuldung und die wirtschaftliche Stabilität vorsieht, blieben Griechenland nur zwei Möglichkeiten: entweder die Sozialausgaben und Regierungsprogramme zu kürzen oder die Zahlen zu verfälschen.

Nachdem Griechenland sich für Letzteres entschieden hatte und in den Euro aufgenommen wurde, konnte es sich nun großzügige Sozialprogramme und staatliche Arbeitsplätze für die Bevölkerung leisten, obwohl die Zahlung von Einkommenssteuern in Griechenland im Vergleich zu den nordeuropäischen Ländern weniger üblich war. Anstatt diese Sozialprogramme mit Steuereinnahmen zu bezahlen, wurden sie mit den neuen, billigeren Schulden bezahlt, die Griechenland nun angeboten wurden. Als es an der Zeit war, diese Schulden zu finanzieren, konnte sich Griechenland problemlos weitere Kredite beschaffen und der Kreislauf ging weiter. Als jedoch die finanziellen Auswirkungen des amerikanischen Immobilienmarktes Europa erreichten, wurde der Zugang zu Krediten stark eingeschränkt, wodurch Griechenland keinen Zugang mehr zu billigen Krediten hatte. Ähnliche Prozesse fanden in Portugal,

Irland, Italien und Spanien statt, wenn auch nicht in demselben Ausmaß wie in Griechenland.

Es bleibt zu hoffen, dass die Staats- und Regierungschefs eine Lehre aus diesen Wirtschaftskrisen ziehen, um ihre Volkswirtschaften besser zu steuern, und dass die Nationen erkennen, wie sich ihr unverantwortliches Handeln gegenseitig beeinflusst. Da die Finanzsysteme immer stärker miteinander vernetzt sind, wird ihre Stabilität für das Leben von Milliarden von Menschen von grundlegender Bedeutung sein. Wenn wir aus den Fehlern der Vergangenheit lernen, können sie in Zukunft vermieden werden.

Globalisierung

Als Globalisierung bezeichnet man den Zusammenwuchs verschiedener Länder oder Regionen. Dazu gehören Verpflichtungen in den Bereichen Wirtschaft, Politik, Umwelt, Kommunikation und Kultur, die auch die fünf Dimensionen der Globalisierung genannt werden. Für die meisten beginnt die Globalisierung mit der Entdeckung und Erforschung Amerikas, denn dadurch gewann der Überseehandel stark an Bedeutung. Vor allem während der Industrialisierung waren durch die verstärkte Produktion von Waren die Unternehmen dazu gezwungen, in ausländische Märkte zu expandieren. Heute befinden sich die Länder der Welt in der sogenannten **Hyperglobalisationsphase**. Viele Unternehmen haben bereits erkannt, dass sie in anderen Ländern günstigere Produktionsfaktoren nutzen können. Durch die Verlagerung von Produktionsstätten sind die Länder dazu gezwungen, noch enger und besser zusammenzuarbeiten. Auch die Digitalisierung hat Einfluss auf die Globalisierung, da diese durch vereinfachte Kommunikationswege verstärkt wird.

Vor- und Nachteile

Wirtschaft:

Zu den wesentlichen wirtschaftlichen Vorteilen der Globalisierung zählen die Erhöhung und die günstigere Verteilung des Wohlstandes auf der Welt. Diese ist aber nicht immer fair, da z. B. die nicht vorhandenen Arbeiterrechte in Entwicklungs- und Schwellenländern von Unternehmen ausgenutzt werden. Da Menschenrechte in solchen Ländern oft nicht ausgereift sind oder nicht angemessen kontrolliert werden und die Einhaltung dieser nicht überwacht wird, können Unternehmen durch die Ausbeutung der Arbeitskräfte günstiger produzieren. So können zwar niedrigere Güterpreise erreicht werden, die Kluft zwischen Arm und Reich wird dennoch immer größer. Ein weiterer Nachteil ist, dass durch die Verlagerung der Produktionsstätten ins Ausland viele Arbeitsplätze in den Industrieländern verschwinden. Auch der Handel wird von der Globalisierung beeinflusst. So werden z. B. Abkommen getroffen, die den Güterverkehr zwischen Ländern vereinfacht. Dadurch wird den Konsumenten ein breites Güterangebot geboten. So sind beispielsweise auch Innovationen für alle zugänglich. Für die Volkswirtschaften selbst bedeutet die Globalisierung ein stetiges Wirtschaftswachstum. Es entstehen viele Arbeitsplätze in unterschiedlichen Bereichen und das Pro-Kopf-Einkommen steigt. Dennoch haben, durch die stärkere Vernetzung, Krisen, wie beispielsweise Börsencrashs oder Pandemien, stärkeren Einfluss auf die gesamte Welt. Auch ein entscheidender Nachteil ist der Konkurrenzkampf zwischen den Ländern, da sie um die größeren Konzerne kämpfen. Denn durch die Gewinnung dieser entstehen zusätzliche Arbeitsplätze, das BIP steigt durch das Wirtschaftswachstum und somit steigt auch der des Landes. Folglich versuchen Regierungen, große Unternehmen durch Subventionen oder günstige Produktionsfaktoren anzulocken.

Politik:
Aufgrund der Globalisierung passte sich in der Vergangenheit die Politik unterschiedlicher Länder an diese an. Heute sind deshalb viele Länder der Erde Demokratien und haben liberale Wirtschaftsformen. Somit werden gemeinsame Ziele verfolgt und internationale Zusammenschlüsse, wie beispielsweise die EU oder die NATO, werden gegründet. Folglich entsteht so auch die Abhängigkeit vieler Länder von anderen Nationen und die globale Kriminalität, wie Drogenschmuggel oder Terrorismus, sind immer größer werdende Probleme.

Umwelt:
Einer der größten und entschiedensten Kritikpunkte der Globalisierung ist wohl die Auswirkung dieser auf die Umwelt. Aufgrund des Wohlstandes und des wachsenden Fortschrittes haben sich die Lebenserwartungen der Menschen und auch deren Konsumverhalten in kurzer Zeit schlagartig erhöht. Folglich müssen mehr Ressourcen abgebaut, mehr Waren transportiert und produziert und damit auch mehr Betriebe gebaut werden, mit verheerenden Auswirkungen auf die Umwelt. Die Ausbeutung der Natur, der ständige Ausstoß von Treibhausgasen und andere Maßnahmen führten letztendlich zur globalen Klimaerwärmung.

Kommunikation:
Vorteil der Globalisierung für die Kommunikation ist, dass mittlerweile eine einheitliche Sprache auf der Welt verwendet wird, das Englische. In den Schulen wird es bereits gelehrt, sodass man sich später mit Menschen überall auf der Welt verständigen kann. Dennoch hat das auch zur Folge, dass viele alte Sprachen oder Dialekte in Vergessenheit geraten. Auch die Digitalisierung vereinfacht die Kommunikation immens. Durch sie ist mittlerweile die ganze Welt miteinander vernetzt und nur durch wenige Mausklicks erreichbar.

Kultur:
Durch die Globalisierung erfolgt eine Angleichung der Interessen. Die Welt durchläuft die sogenannte Amerikanisierung. Alle Länder hören die gleiche Musik, schauen die gleichen Filme und tragen die gleiche Kleidung. Auch hier sehen viele den Verlust alter Traditionen als Nachteil.

HERAUSFORDERUNGEN EINER MODERNEN WELT

Durch die Globalisierung hat sich die Welt enorm verändert. Sie ist heute mit Problemen konfrontiert, an die man vor einem Jahrhundert nicht einmal gedacht hat. Ressourcenknappheit, Massenmigrationen und Pandemien sind Themen, die heute allen ein Begriff sind und die die Welt vor erhebliche Herausforderungen stellen. Im Folgenden werden diese Themen etwas genauer beleuchtet.

Knappe Ressourcen

Durch die stark wachsende Bevölkerung und den steigenden Wohlstand ist die Nachfrage an mineralischen, metallischen und fossilen Rohstoffen ins Unermessliche gestiegen. Dennoch sind diese Rohstoffe auf der Erde nur in begrenztem Maß verfügbar. Die hohe Nachfrage nach Industrie- und Konsumgütern führt zu einer Ressourcenknappheit mit weitreichenden Folgen für Natur und Umwelt. Es entstehen nicht nur irreversible Schäden an der Umwelt, auch natürliche Güter wie Wasser, Luft und Boden leiden an der fehlenden Nachhaltigkeit und die Qualität und Verfügbarkeit sinkt ebenfalls. Um diesem Problem entgegenzuwirken, ist die Förderung eines effizienten und nachhaltigen Umgangs mit Ressourcen unerlässlich. Auch der Einsatz alternativer Energieträger und Materialien ist essenziell, um der Ressourcenknappheit entgegenzuwirken, damit der Umwelt zu helfen und auch auf dem weltweiten Markt wettbewerbsfähig zu bleiben.

Spekulationsblasen

Eine Spekulationsblase entsteht, wenn stark angestiegene Werte von Wertpapieren plötzlich einen starken Abfall dieser erleben. Im Finanzwesen wird von einer Blase gesprochen, da sinnbildlich ein kleiner Auslöser die Blase zum Platzen bringen kann und die Werte eines Wertpapieres fallen.

Eines der am besten dokumentierten Beispiele ist der Tulpenhandel des 17 Jahrhunderts. Damals galten die Blumen als besonders schön und waren in anderen Ländern sehr beliebt. Die Nachfrage war hoch und so stieg der Preis der beliebten Zwiebeln so stark an, dass drei Zwiebeln der Pflanze angeblich so viel wert waren wie ein ganzes Haus. Irgendwann verloren die Menschen allerdings das Interesse und die Zwiebeln wurden wieder verkauft. Das führte zu einem Angebotsüberschuss auf dem Markt. So verloren die Tulpenzwiebeln in kürzester Zeit 95 % ihres Wertes.

Spekulationsblasen entstehen häufig dann, wenn viel Geld im Umlauf ist und gleichzeitig die Zinsen niedrig sind. Menschen haben Angst vor dem Wertverlust ihres Geldes und suchen so nach Anlagemöglichkeiten, die mehr Profit bringen, jedoch auch viel riskanter sind.

Extreme soziale Ungerechtigkeit

Soziale Ungerechtigkeit spielt nicht nur innerhalb Deutschlands eine Rolle, sondern auch in Europa und auf der ganzen Welt. Man bezeichnet es als soziale Ungerechtigkeit, wenn eine bestimme Gruppe in der Gesellschaft nicht den gleichen Zugang zu Ressourcen und damit zu Verwirklichungsmöglichkeiten hat wie andere.

Soziale Ungerechtigkeit kann im Wesentlichen an zwei Faktoren gemessen werden: der Schul-, Aus- und Weiterbildung und dem Einkommen bzw. Vermögen. Bildung öffnet bekanntlich viele Türen und ermöglicht es den Menschen, ihr Leben in die eigene Hand zu nehmen, sowie den Zugang zu gut bezahlten Jobs. Um die Bedürfnisse des Menschen zu befriedigen, seien es existenzielle Bedürfnisse oder Bedürfnisse zur Selbstverwirklichung, ist Geld nötig.

Massenmigrationen

„Von Migration spricht man, wenn eine Person ihren Lebensmittelpunkt räumlich verlegt. Von internationaler Migration spricht man dann, wenn dies über Staatsgrenzen hinweg geschieht", so wird die Migration vom Bundesamt für Migration und Flüchtlinge beschrieben. In Deutschland leben mittlerweile ca. 15 Millionen Menschen mit Migrationshintergrund, dies entspricht 20 % der Bevölkerung.

Ursachen für Massenmigrationen in den Ursprungsländern sind häufig Krieg, Armut, Hunger, Naturkatastrophen oder zu hohe Bevölkerungszahlen. In den Aufnahmeländern erwarten Flüchtlinge bessere Lebensbedingungen, wirtschaftliche und politische Stabilität, Arbeitsplätze, Zugang zu Bildung und bessere medizinische Versorgung. Folgen von Migration für die Aufnahmeländer können sein, dass sich beispielsweise die Konflikte der Ursprungsländer der Migranten auf die Aufnahmeländer ausweiten. Zudem ist es immer schwierig, eine große Anzahl an Migranten logistisch unterzubringen und in die Gesellschaft zu integrieren. Auch bürokratische Fragen müssen geklärt werden. Wann dürfen Geflüchtete anfangen, zu arbeiten? Woher bekommen sie bis dahin Geld für den Unterhalt? Wie viele Geflüchtete können aufgenommen werden?

Es gibt viele wichtige Fragen, die vor der Aufnahme von Migranten geklärt werden müssen. Ansonsten kann die Aufnahme von zu vielen Migranten auch negative Folgen für die Volkswirtschaft eines Landes haben. Dennoch sollte nie der Wert eines Menschenlebens untergeordnet werden.

Pandemien

Man spricht von einer Pandemie, wenn sich eine Krankheit über ganze Länder und Kontinente ausbreitet. Bleiben die Krankheitsausbrüche räumlich und zeitlich begrenzt, bezeichnet man dies als eine Epidemie. Eine Pandemie bezeichnet also eine globale Epidemie.

Ursachen für eine Pandemie sind Krankheitserreger, mit denen eine Bevölkerung meist lange nicht in Kontakt gekommen ist. Entsprechend sind diese Krankheiten auch lange nicht in einer Bevölkerung vorgekommen. Auf diese Erreger ist das menschliche Immunsystem daher nicht vorbereitet und der Mensch ist nicht ausreichend vor einer Erkrankung geschützt. Bei Ausbreitung solcher Krankheiten spielen jedoch auch die heutigen Lebensverhältnisse eine große Rolle. Weltweiter Handel, globale Mobilität, wie Reisen, oder Umweltschäden begünstigen die Entstehung und Ausbreitung von Infektionskrankheiten.

Terrorismus

In einer vernetzten Welt wie der heutigen kann Terror schnell vom Inland auch in das Ausland transportiert werden. Konflikte, die noch vor einigen Jahrzehnten weit entfernt waren, breiten sich aus und sind heute in fast allen Ländern gegenwärtig. Durch den Zugang zu Kapital- und Finanzmärkten sowie durch die modernen Kommunikationsmittel können auch Terrorgruppen leichter operieren und sich finanzieren. Daher scheint auch der Terror in der heutigen globalisierten Welt eine neue Qualität aufzuweisen.

Staatsbankrotte

Von einem Staatsbankrott ist die Rede, wenn ein Staat seine Schulden nicht mehr bezahlen kann. Durch die heutige Vernetzung betrifft dies nicht nur den Staat selbst, sondern auch viele andere Länder, die beispielsweise mit dem Staat Handel betreiben oder in einem vertraglichen Verhältnis mit diesem Staat stehen. Ein Beispiel dafür ist die griechische Staatsschuldenkrise. Hierbei wurden hohe Summen der EU-Mitgliedsländer gezahlt, um den Staatsbankrott Griechenlands abzuwenden, der weitreichende Folgen für alle EU-Mitgliedsstaaten und den Euro gehabt hätte.

DIE WELTMÄRKTE

Der Weltmarkt wird definiert als alle freien Märkte, auf denen Güter gehandelt werden, die nicht in dem gleichen Land verbraucht wurden, in dem sie auch produziert wurden, den sogenannten Exportgütern. Der Weltmarkt ist geprägt von Verflechtungen und Beziehungen zwischen verschiedenen Ländern der Welt, die miteinander Handel betreiben und durch Transaktionen, Güterströme und durch die Bewegung von Arbeitskräften zwischen den Volkswirtschaften miteinander verbunden sind.

Durch die Globalisierung hat sich auch der Welthandel, also die Gesamtheit des Warenhandels zwischen allen Ländern der Erde, stark verändert. Dass Menschen über ihre Landesgrenzen hinaus miteinander Handel betrieben, ist nichts Neues. Ein Beispiel dafür ist die Seidenstraße im 12. Jahrhundert, die den Mittelmeerraum mit Zentral- und sogar Ostasien verband. Hier wurde, dem Namen zufolge, Seide gen Westen und Wolle, Gold und Silber gen Osten gehandelt.

Seit Mitte des 20. Jahrhunderts nimmt der internationale Handel immer weiter zu. Einer der Gründe dafür ist der Rückgang von Zöllen auf Waren aus dem Ausland und die Beseitigung von anderen internationalen Handelshemmnissen. Folglich musste ein System mit Regeln geschaffen werden, um die Freiheit des Marktes zu gewährleisten. Das sogenannte Welthandelssystem wird überwacht von der *World Trade Organization* (WTO), die 1949 gegründet wurde. Eine der wichtigsten Abkommen, die es zu überwachen gilt, sind:

• TRIPS = *Agreement on Trade-Related Aspects of Intellectual Property Rights*
(regelt Umgang mit Marktrechten und Patenten)

• GATS = *General Agreement on Trade in Services*
(regelt Handel mit Dienstleistungen, z. B. Tourismus)

• GATT = *General Agreement on Tariffs and Trade*
(regelt Handel mit Produkten)

Freihandel oder Protektionismus

Einer der größten Konflikte, der den Welthandel betrifft, ist die Debatte zwischen **Freihandel** und **Protektionismus**. Freihandel ist ein Grundsatz des Liberalismus und besagt, dass der Wohlstand der Länder am größten ist, wenn Hemmnisse bezüglich des internationalen Handels, wie Zölle oder Restriktionen, beseitigt werden. Beim Protektionismus hingegen geht es darum, den inländischen Markt zu schützen und die einheimischen Produkte zu stärken sowie zu unterstützen.

Ein großer Vorteil des Freihandels ist die grundsätzliche Erhöhung des Wettbewerbs, wodurch geringere Verbraucherpreise garantiert werden. Der größere Wettbewerb steigert wiederum den Fortschritt und die Entwicklung von neuen Produktinnovationen. Auch Entwicklungsländer profitieren vom Freihandel, da sie durch geringe Produktionskosten konkurrenzfähig bleiben und so den Wohlstand im eigenen Land steigern können. Auch der Protektionismus hat seine Vorteile. So wird z. B. verhindert, dass sich einzelne Länder auf bestimmte Industriezweige spezialisieren und somit eine Abhängigkeit schaffen. Auch werden Industriezweige geschützt, die sich noch in der Entwicklung befinden, womit der Weg zur Konkurrenzfähigkeit erleichtert wird.

Für beide Ansätze gibt es Vor- und Nachteile, letzten Endes muss jedes Land jedoch selbst entscheiden, welcher Theorie es folgen möchte. Oft sind die Übergänge auch fließend und es wird ein Kompromiss aus beiden Theorien betrieben.

ERSCHEINUNGSFORMEN UND URSACHEN DER GLOBALISIERUNG

Grundsätzlich kann zwischen sieben wichtigen Erscheinungsformen der Globalisierung unterschieden werden. Es kommt allerdings auch immer wieder zu Veränderungen und neuen Unterkategorien. Zudem stehen alle Erscheinungsformen in wechselseitiger Beziehung zueinander und beeinflussen sich gegenseitig. Dabei sind nicht alle Erscheinungsformen bzw. deren Auswirkungen immer positiv.

Kommunikation

Einer der größten Auswirkungen der Globalisierung ist die Verbesserung der Kommunikation. Internet und E-Mail erlauben es, mit der ganzen Welt mit einem Mausklick zu kommunizieren, ohne sich tatsächlich körperlich bewegen zu müssen. Außerdem ist die Verfügbarkeit von Informationen grenzenlos. Durch immer mehr Satelliten im Weltall sind GPS-Daten, die Übertragung zahlreicher Fernsehprogramme und Internet fast überall auf der Welt zu empfangen. Dadurch ist auch die Möglichkeit der Informationsweitergabe fast unbegrenzt möglich und so können die Menschen schon nach kürzester Zeit über Ereignisse in der ganzen Welt informiert werden.

Innovationen

Die heutigen Kommunikationsmöglichkeiten haben auch einen positiven Effekt auf Innovationen. Vor allem im Bereich der Mikroelektronik und im Bereich der Medizin ist in den letzten Jahren ein enormer Fortschritt zu verzeichnen. Durch den raschen Austausch an Forschungsergebnissen und den Ausbau der Grundlagenforschung vieler verschiedener Länder sind fast täglich Innovationen in einem der Bereiche zu verzeichnen.

Auch Produkte und Maschinen werden stetig verbessert. Immer mehr Menschen werden in Produktionsprozessen ersetzt. Zudem erfordert dieser Wandel auch den Ausbau des Verkehrssystems. Autos werden stetig verbessert, Züge und Flugzeuge werden mit neuer Technik ausgestattet.

Wirtschaft

Der immer größer werdende internationale Handel und die wirtschaftlichen Beziehungen verschiedener Länder waren ursprünglich der treibende Faktor, der zur Globalisierung führte. Dennoch hat das nicht nur positive Auswirkungen auf die Länder der Erde. Industrieländer erlangen durch die Globalisierung große Vorteile, Schwellenländer und Entwicklungsländer kämpfen allerdings immer noch um den Anschluss. Durch die offenen Märkte wird hauptsächlich in Länder mit einer konstanten und starken Wirtschaft investiert. Als Produktionsländer sind diese beliebt, da in diesen auch günstig produziert werden kann, häufig jedoch zu Lasten der Arbeiter. Schlechte Arbeitsbedingungen, lange Arbeitszeiten und geringe Löhne sind keine Seltenheit.

Politik

Durch die wirtschaftlichen Verflechtungen der Länder ist auch eine politische Globalisierung notwendig. Zölle und Handelshindernisse wurden gemindert und Staaten schließen Handelsabkommen oder schließen sich zu Bündnissen, wie z. B. der EU, zusammen. Dies hat nicht nur Vorteile, da in solchen Bündnissen die Anliegen einzelner Staaten zum Wohle der Gemeinschaft zurückstecken müssen. Zudem weiten sich wirtschaftliche Schwächen einzelner Staaten auch negativ auf die anderen Mitgliedsstaaten aus und betreffen so nicht nur das eigene Land.

Soziale Ausprägung

Im sozialen Bereich zeigt sich die Globalisierung immer mehr durch eine ungleiche Vermögensverteilung in der Gesellschaft. Nicht nur die Lücke zwischen armen und reichen Ländern wird immer größer, sondern auch im Inland klafft die Lücke und ein Aufstieg wird immer schwieriger. Folglich verschwindet die typische Mittelschicht. Eine weitere Auswirkung ist auf dem Arbeitsmarkt zu beobachten. Dort werden häufig nur noch ausgebildete Fachkräfte gesucht, die den einfachen Arbeiter ersetzen.

Umwelt

Ein Verlierer der Globalisierung ist ganz klar die Umwelt, die negativen Effekte sind deutlich zu beobachten. Natürliche Ökosysteme werden systematisch und irreversibel zerstört. Die Ausbeutung der Ressourcen der Erde sowie die Verschmutzung von Luft, Gewässern und der Natur selbst hat ein drastisches Ausmaß angenommen. Länder, die sich auf Forschung und Entwicklung konzentrieren, haben dies erkannt und versuchen, dem Ausstoß von Treibhausgasen und der Umweltverschmutzung entgegenzuwirken. Produktionsländer hingegen können sich diesen Luxus oft nicht leisten, obwohl sie einen viel größeren Anteil an der Zerstörung der Umwelt haben.

Die Verschmutzung der Umwelt hat mittlerweile ebenfalls globale Ausmaße angenommen. Klimaveränderungen, wie die allgemeine Klimaerwärmung, lokal extremere Wetterbedingungen und vermehrte Naturkatastrophen sind die Folgen, mit welchen die Menschen nun zu kämpfen haben. Der größte ‚Verlierer' der Globalisierung ist tatsächlich die Umwelt.

Kultur

Globalisierung bedeutet, dem Einfluss fremder Kulturen ausgesetzt zu sein. Viele können sich mit fremden Kulturen identifizieren. Auf der einen Seite eine Bereicherung, können diese neuen Einflüsse aber auch dazu führen, dass alte Traditionen, Bräuche und sogar Sprachen verloren gehen.

GLOBALE ÖKONOMIE ALS DYNAMISCHES NETZWERK

Die Weltwirtschaft wird zu einem immer größer werdenden dynamischen System. Die strukturellen Veränderungen der globalen Ökonomie werden deutlich, wenn man die Wirtschaft als solche versteht. Teil dieses Systems sind die Marktakteure, Güter und Dienstleistungen (Ware, die gehandelt wird), Produktionsfaktoren, Informationen und Wissen, technisches Know-how etc. Die Anzahl aller Objekte und ihre Beziehungen und Wechselwirkungen zueinander zeigt die Komplexität dieses Netzwerkes. Man kann ein solches Netzwerk nach den folgenden Eigenschaften charakterisieren:

- Größe
- Grad der Vernetzung
- Heterogenität
- Dynamik

Die Größe des globalen Netzwerkes wird durch Faktoren wie die Anzahl der Marktakteure, die Größe der Marktvolumen sowie die Menge der verfügbaren Informationen beeinflusst. Die Vernetzung des Systems nimmt zu, wenn es stärkere Interaktionen zwischen Marktteilnehmern gibt, die Komplexität der Wertschöpfungsketten zunimmt oder es eine höhere Verfügbarkeit von Informationen gibt. Die ungleiche Verteilung von Ressourcen, eine hohe Produktvielfalt, ein Unterschied in der Verfügbarkeit von Informationen sowie heterogene Fähigkeiten und Bedürfnisse von Marktteilnehmern fördern eine zunehmende Heterogenität des Systems. Die Dynamik wird beeinflusst, wenn es eine wachsende Interaktionsdynamik gibt, eine schnelle Veränderung von Produktionsprozessen erfolgt oder die Informationsdichte zunimmt.

All diese Faktoren zeigen die Einzigartigkeit der globalen Ökonomie als dynamisches System und wie schnell sich dieses verändern kann.

Diskussionspodium

Polarisierende Themen unter die Lupe genommen

Wie in allen Bereichen gibt es auch einige Themen in den Wirtschaftswissenschaften, die seit Jahren heiß diskutiert werden. Im Folgenden werden die interessantesten Themen näher beleuchtet, Pro- und Kontra-Argumente aufgeführt und Lösungsansätze oder Kompromisse aufgezeigt.

DAS BEDINGUNGSLOSE GRUNDEINKOMMEN

Seit vielen Jahren wird in Deutschland immer wieder darüber diskutiert, ein bedingungsloses Grundeinkommen (BGE) einzuführen. Die Idee hinter dem BGE ist die, dass jeder deutsche Bürger am Anfang jeden Monats einen bestimmten Betrag vom Staat auf sein Konto überwiesen bekommt, und das, ohne etwas dafür zu tun. Dieser Betrag wäre für jeden Bürger gleich, würde diese Utopie zur Realität werden. Die Auszahlung des Betrages ist an keinerlei Bedingungen geknüpft. Ein großer Vorteil des BGE wäre, dass dieser Betrag Leistungen wie das Arbeitslosengeld I und II sowie Kindergeld, Sozialgeld und vieles mehr ersetzen soll und damit eine starke Reduzierung des bürokratischen Aufwands bedeuten würde. Ein weiteres Argument, was vor allem in Zeiten der Corona-Pandemie an Bedeutung gewann, ist, dass mithilfe eines BGE Notsituationen des Einzelnen vorgebeugt werden. Nach des ersten Lockdowns unterzeichneten zahlreiche Befürworter eine Petition, in der ein kurzfristiges und zeitlich begrenztes existenzsicherndes BGE eingeführt werden solle, um Einkommensausfälle im Zuge der Corona-Pandemie auszugleichen.

Das öffentliche Interesse am BGE führte dazu, dass sich Politiker vermehrt mit der Einführung eines BGE anstelle des heute bestehenden Sozialsystems beschäftigten. Auch gibt es viele verschiedene Konzepte, wie so ein BGE gestaltet werden kann und sollte. So gibt es verschiedene Konzepte für das BGE, welches zum einen nur als Ergänzung zum jetzigen Sozialsystem und dessen Leistungen gesehen werden kann, zum anderen gibt es Vorschläge, das bestehende Sozialsystem komplett umzukrempeln und neu zu gestalten.

Vor- und Nachteile des BGE

Ein großer Vorteil des BGE wäre, dass damit die Armut bekämpft werden könnte. Niemand wäre auf Sozialhilfe oder illegale Tätigkeiten angewiesen, um sein Überleben zu sichern. Es müssten zudem keine Arbeiten mehr angenommen werden, nur um die Existenz zu sichern und Geld zu verdienen. Jeder Mensch könnte der Arbeit nachgehen, die ihm Spaß macht und in der er sich selbst verwirklichen und seine Stärken zeigen kann. Das würde nicht nur die individuelle Freiheit steigern, sondern auch das ganze System effektiver machen. Durch die finanzielle Absicherung würden die Menschen vermehrt ihren Träumen nachgehen und diese verwirklichen, sei es Hilfe in armen Ländern zu leisten oder eine Familie zu gründen. In Krisenzeiten würde ein BGE die Menschen vor Notsituationen durch Einkommensausfälle bewahren. Dies könnte nicht nur durch eine Pandemie wie in den letzten Jahren der Fall sein, sondern auch durch künftige Naturkatastrophen etc. Ein BGE würde zudem dazu führen, dass unbeliebte Arbeiten angemessen bezahlt werden müssten, damit sie wieder attraktiv werden. Dennoch haben all diese Vorteile auch ihre Schattenseiten, denn ein BGE könnte auch zu zahlreichen Problemen führen.

Ein großer Nachteil ist, dass das BGE dazu führen könnte, dass niemand unbeliebte Arbeiten trotz besserer Bezahlung verrichten möchte. Das könnte dazu führen, dass das gesamte System zusammenbricht bzw. müssten Arbeitskräfte im Ausland gefunden werden, die diese Arbeiten verrichten. Dabei würde es sich um illegale Einwanderer handeln oder um Menschen, die keinen Anspruch auf das BGE haben – so ist der Weg frei für Ausbeutung. Kritik an diesem System besteht auch, da man davon ausgeht, dass viele Menschen überhaupt keine Arbeit mehr verrichten würden, wären sie durch das BGE finanziell abgesichert. Diese müssten von der arbeitenden Gesellschaft mitgetragen werden, was auf Dauer ebenfalls nicht funktioniert. Zudem könnten die Löhne durch das BGE sinken. Arbeitgeber könnten dieses mit in den Lohn einberechnen und so ihre Mitarbeiter durch dieses bereits als finanziell versorgt ansehen. Eine weitere Befürchtung ist, dass durch die Einführung eines BGE die Inflationsrate steigen könnte. Eine der größten Kritikpunkte ist jedoch, dass das System des BGE grundsätzlich überhaupt nicht finanzierbar sei.

Fakt ist, die Einführung eines BGE hätte auch die komplette Umstrukturierung unseres Steuer- und Sozialsystems zur Folge.

DIE ZINSKRITIK

Möchte man eine größere Anschaffung machen, hat man die Möglichkeit, sich Geld bei der Bank in Form eines Kredites zu leihen. Der Preis für den Kredit bezeichnet man als Zinsen, da die Banken ihr Geld nicht umsonst verleihen. Diese Zinsen können schwanken, da sie immer damit zusammenhängen, wie hoch der Leitzins der EZB ist. Diese bestimmt den Zinssatz für Kredite für Staaten und Banken, die sich Geld bei der EZB leihen. Diese Zinssätze werden entsprechend weiter an den Kunden, also die Privatperson, die sich Geld bei ihrer Bank leihen möchte, gegeben.

Zu niedrige Zinssätze stehen in der Kritik, Inflationen zu verursachen. Sind die Zinsen für einen Kredit niedrig, können sich diesen mehr Menschen leisten. Folglich wird mehr Geld in Umlauf gebracht, welches für die entsprechenden Dinge ausgegeben werden kann. Das bedeutet, die Nachfrage an Gütern steigt, ohne dass sich das Angebot dieser verändert. Das hat wiederum zur Folge, dass Preise ansteigen und somit das Geld an Kaufkraft verliert.

Sind Zinssätze zu hoch, so kann sich niemand einen Kredit leisten. Folglich kann beispielsweise das Haus, welches geplant wurde, zu bauen, nicht gebaut werden. Es werden keine Rohstoffe für dieses Haus gekauft und der Zimmermann und der Elektriker haben keine Aufträge. Dieses nicht gebaute Haus und wahrscheinlich viele andere, die nicht gebaut werden können, da sich die Menschen die Kredite nicht leisten können, haben zur Folge, dass die wirtschaftliche Aktivität eines Landes sinkt. Das kann zu einem Abschwung, einer Tiefphase oder gar zum völligen Zusammenbruch einer Wirtschaft führen.

Problematisch ist auch die Anpassung des Leitzinses in der EU-Zone. Mit dem Euro bezahlen viele verschiedene Länder, die ganz unterschiedliche wirtschaftliche Ansprüche haben. Während eine Erhöhung des Leitzinses für Deutschland beispielsweise gut wäre, da so die Inflation des Euro eingedämmt werden könnte, würde das für Länder wie Spanien, Portugal oder Italien bedeuten, dass die Finanzierung ihrer Schulden erschwert wird, da nun höhere Zinsen für neue Kredite bezahlt werden müssen. Können Schulden nicht bezahlt werden, kann das negative Auswirkungen auf die Wirtschaft haben und bis hin zum Staatsbankrott führen. An diesem Beispiel kann man sehen, dass es hier gemäß dem Motto „Des einen Freud, des anderen Leid" zugeht und ein Kompromiss schwierig zu finden ist.

LOBBYISTISCHE VERSTRICKUNGEN

„Sie (die Abgeordneten des Bundestages) sind Vertreter des ganzen Volkes, an Aufträge und Weisungen nicht gebunden und nur ihrem Gewissen unterworfen."

Grundgesetz. Art. 38 Abs. 1 S. 2 GG

Lobbyismus bezeichnet die Einflussnahme auf politische Entscheidungen oder die öffentliche Meinung durch Vertreter von Interessengruppen. Im Kapitel „Exkurs: Lobbyismus" haben Sie bereits kennengelernt, worum es beim Lobbying geht. Dennoch ist es ein sehr umstrittenes Thema. Es gibt viele Vorteile, die dafür sprechen, sich des Fachwissens der Lobbyisten zu bedienen. Dennoch ist einer der größten Nachteile die Intransparenz in der Politik. Im Folgenden werden diese Punkte genauer beleuchtet:

Vor- und Nachteile des Lobbyismus

Ein großer Vorteil des Lobbyismus ist das Fachwissen, welches die Vertreter aus den jeweiligen Branchen mitbringen. Politiker müssen sich häufig um viele verschiedene Aufgaben unterschiedlicher Gebiete kümmern. Trotz eines Studiums in entsprechenden Feldern kann niemand Experte für alle Bereiche und Branchen sein. Oft haben sie nicht im Blick, welche Auswirkungen ein Gesetz auf unterschiedliche Gruppen haben kann. Dementsprechend ist es wichtig, gute Berater zur Seite zu haben, die mit notwendigen Informationen versorgen können. Unternehmen und Organisationen beschäftigen sich häufig schon viel länger mit bestimmten Problemen und bringen deshalb auch entsprechend mehr Know-how mit als die Abgeordneten selbst. Zu bedenken ist auch, dass

Lobbyismus nicht nur von Rüstungskonzernen betrieben wird. Auch Umweltorganisationen und Sozialverbände betreiben Lobbyismus und verschaffen sich so Gehör. Im Idealfall vertreten die Interessenverbände etc. und damit die Lobbyisten die Vielfalt der Gesellschaft. Bei wichtigen Entscheidungen werden daher Vertreter aller Interessengruppen angehört und bei Entscheidungen idealerweise gleichermaßen berücksichtigt.

Generell gilt jedoch, zu bedenken: Politiker sollen die Interessen aller Menschen in der Gesellschaft vertreten, Lobbyisten hingegen haben meist nur die Interessen ihres eigenen Unternehmens im Sinn. Das sollte bei der Entscheidungsfindung beachtet werden und demnach sollten auch möglichst viele Lobbyisten zu einem Thema angehört werden. Oft haben Lobbyisten zudem keine Belege für ihre Behauptungen. Sich blindlings auf die Richtigkeit aller Informationen zu verlassen, ist daher fahrlässig. Ein weiteres großes Problem ist die Intransparenz der Lobbyarbeit in Deutschland. Wie viele Lobbyisten in Deutschland arbeiten, weiß niemand genau. Es gibt eine Liste, auf der sich Verbände und ihre Ansprechpartner eintragen können, diese Angaben sind jedoch freiwillig. Aktuell sind auf dieser Lobbyliste 2311 Verbände eingetragen. Dennoch sind diese Informationen undurchsichtig. Die Deutsche Gesellschaft für Politikberatung und der Deutsche Rat für Public Relations fordern deshalb ein Lobbyregister, in dem alle Lobbyisten geführt werden, und zusätzliche Informationen darüber, an welchem Gesetz welche Verbände beteiligt waren.

NAHRUNGSMITTEL FÜR ALLE

Das Ernährungssystem der Welt ist weder nachhaltig noch gerecht. Heute werden mehr Nahrungsmittel hergestellt als jemals zuvor, dennoch steigen die Zahlen von an Hunger leidenden Menschen. Das Problem ist: Nur wer Geld hat, hat auch ausreichend Zugang zu Nahrungsmitteln. Bis zu 811 Millionen Männer, Frauen und Kinder hungern auf der Erde. Weitere drei Milliarden Menschen können sich keine gesunde Ernährung leisten. Ein weiteres Problem sind die nicht nachhaltig produzierten Lebensmittel, der Fleischkonsum steigt jährlich mit enormen Folgen für Umwelt und Klima. Zur Produktion der Lebensmittel wird ca. ein Drittel aller Treibhausgase ausgestoßen. Das treibt das Artensterben sowie die Klimakrise voran. Um den Welthunger zu bekämpfen, muss sich das Ernährungssystem grundlegend ändern.

Zum Ernährungssystem der Welt gehören folgende Punkte:

- Landwirtschaftliche Erzeugung und Produktion
- Verpackung und Transport
- Handel, Konsum und Zubereitung

Diese Teilbereiche laufen in jedem Land differenziert ab und hängen von den politischen, wirtschaftlichen, sozialen und ökologischen Rahmenbedingungen in den Ländern ab. Diese entscheiden ebenfalls darüber, ob Herstellungsrisiken in der Lieferkette gerecht verteilt werden. Bei einem fairen, nachhaltigen und krisenfesten Ernährungssystem werden alle Abläufe der Lieferkette analysiert und es wird dafür gesorgt, dass das Menschenrecht auf Nahrung für alle Menschen gleichermaßen und weltweit umgesetzt wird. Das Recht auf Nahrung ist eines der Menschenrechte und in der Menschenrechtserklärung von 1948 sowie in Artikel 11 des UN-Paktes über wirtschaftliche, soziale und kulturelle Rechte verankert. Dazu, dieses Menschenrecht zu achten, zu gewährleisten und zu schützen, haben sich insgesamt 162 Staaten weltweit verpflichtet. Zahlreiche Projekte, wie z. B. Zero Hunger, versuchen, sich dem Problem des Welthungers zu stellen und ein nachhaltiges Ernährungssystem zu schaffen.

KLIMAKRISE

Steigt die Erderhitzung über 1,5 Grad, drohen katastrophale Folgen. Die Klimakrise gefährdet die Existenz der gesamten Menschheit, ihre Gesundheit, ihre Sicherheit und ihre Ernährung.

Das Klima ändert sich, seitdem die Erde existiert. Es gab in der Vergangenheit der Erde mehrere Eiszeiten, aber auch Wärmeperioden, und der Treibhauseffekt ist in der Erdgeschichte bereits vor Millionen von Jahren aufgetreten. Dieser Effekt war nach einer Studie von Kasting et al. (2003) dafür verantwortlich, dass zu Beginn der Entstehung der Erde, obwohl die Sonne ca. 30 % weniger intensiv war als heute, die Temperaturen auf der Erde doch vergleichbar waren mit den Temperaturen von heute. Dies zeigt, dass der Treibhauseffekt einen enormen Einfluss auf das Klima der Erde haben kann. Nach der Entstehung des Lebens auf der Erde blieb das Klima jedoch immer in Bereichen, die auch ein solches Leben zulassen.

Der große Unterschied zur gegenwärtigen Klimaerwärmung ist, dass dieser Prozess nicht natürlich ist, sondern anthropogener Natur, und sehr schnell voranschreitet. In der Geschichte der Erde reden wir von Klimaänderungen über Millionen von Jahren. Heute können schon erhebliche Änderungen im Klima innerhalb weniger Jahre festgestellt werden.

Durch das Verbrennen von fossilen Energieträgern werden sogenannte Treibhausgase in die Atmosphäre ausgestoßen. Diese Gase, wie z. B. CO_2, Methan und Lachgas, reichern sich in der Atmosphäre der Erde an. Während die kurzwellige und energiereiche Strahlung der Sonne diese Schicht aus Treibhausgasen mehr oder weniger ungehindert passieren kann, werden die langwelligeren Wärmestrahlen, die von der Erdoberfläche reflektiert werden, von den Treibhausgasen absorbiert, verbleiben so in der Atmosphäre und heizen diese auf, ähnlich wie in einem Gewächshaus. Dieser Effekt ist allerdings keine Neuheit für die Erde, er tritt natürlicherweise auf und ist wichtig für das warme Klima auf der Erde. Der natürliche Treibhauseffekt ist demnach für das Leben auf der Erde notwendig, die Verstärkung dieses Effekts durch anthropogene Einflüsse birgt allerdings große Gefahren. Der Anfang des Klimawandels heute kann auf den Zeitpunkt der Industrialisierung zurückgeführt werden. Ab diesem Zeitpunkt können globale Änderungen in der Konzentration der Treibhausgase in der Atmosphäre und somit auch Änderungen des Klimas gemessen werden. Das wirksamste Treibhausgas ist das Methan, welches hauptsächlich in der Viehzucht eine Rolle spielt, da es von Kühen bei Verdauungsprozessen produziert wird. Das wesentlich schwächere Treibhausgas CO_2 spielt allerdings durch seine Emissionsmenge die größte Rolle bei dem Treibhauseffekt, gefolgt von Methan und Lachgas.

Die Erderwärmung

Durch den Treibhauseffekt erwärmt sich nicht nur die Erdatmosphäre, sondern es erwärmen sich – durch die Wärmeübertragung – auch die Ozeane, und das mit enormen Folgen. Eines der größten Probleme, welches dieses Phänomen mit sich bringt, ist das langsame Abschmelzen der Polkappen. Die Arktis ist im Gegensatz zur Antarktis keine Landmasse, die von Eis überzogen ist, es handelt sich mehr um das Nordpolarmeer, auf dem eine mehrere Meter dicke Fläche reines Eis schwimmt. Schmilzt diese enorme Masse an Eis, bringt das mehrere Probleme mit sich. Es wird durch die zusätzlichen Wassermassen zu einem Anstieg der Weltmeere um mehrere Meter kommen. Zudem muss bedacht werden, dass es sich bei dem Polareis um Süßwasser handelt, welches beim Abschmelzen den jetzigen Salzgehalt des Meeres verdünnen würde. Man kann nur vermuten, welche Auswirkungen das auf wichtige Meeresströmungen, wie z. B. den Golfstrom, hat, der einen großen Anteil an dem milden Klima in Europa hat. Des Weiteren weiß man durch Kernbohrungen tief in die Eismassen, dass große Mengen an Methangas in dem uralten Eis des Nordpols gebunden sind. Ein Abschmelzen des Eises würde die Freisetzung dieses Methangases bedeuten, welches wiederum als Treibhausgas fungiert und den Treibhauseffekt verstärken würde.

Ein weiteres Problem, welches die rasche Erwärmung der Atmosphäre und Ozeane mit sich bringt, ist die Verschiebung der Artenspektren – sowohl im Wasser als auch an Land. Viele Tier- und Pflanzenarten können sich an die sich schnell ändernden Bedingungen nicht anpassen. Die

Arten wandern, sofern sie denn können, in kältere Regionen ab oder sterben gar regional oder auch global aus. Dies ist auch der Grund dafür, warum zum Beispiel Krankheiten auftreten, die bis vor einiger Zeit nur in Ländern wärmerer Klimazonen vorkamen. Überträger, meist Insekten, fühlen sich nun zunehmend auch in den wärmer werdenden Mittelmeerregionen wohl und gelangen so auch nach Europa.

Von der eigentlichen Klimaerwärmung bekommen Menschen eher weniger mit, ob ein Jahr im Durchschnitt etwas wärmer wird, ist für sie kaum merklich. Was wahrscheinlich viele aus eigenen Erfahrungen bestätigen können, ist das immer extremer werdende Wetter. Die Sommer werden heißer und trockener, die Winter kälter und nasser. So wird es vielleicht auch in einigen Jahren dazu kommen, dass Arten, die in unseren Breiten ganz gewöhnlich sind, bald nicht mehr hier vorkommen. Ein Beispiel hierfür ist das Fichtensterben. Das liegt daran, dass diese schwer mit den trockenen und heißen Bedingungen der letzten Sommer zurechtkommen und noch zusätzlich durch Parasiten geschwächt werden. So wird es wahrscheinlich auch zukünftig dazu kommen, dass unser konventionelles Getreide wie Mais oder Weizen nicht mehr in Deutschland angebaut werden kann, da die Bedingungen hier zu extrem werden. So muss in Zukunft womöglich auf Arten zurückgegriffen werden, die mit diesen extremeren Konditionen besser zurechtkommen. Dennoch kann die Menschheit noch etwas gegen den Klimawandel und seine Folgen unternehmen, um die Klimakrise abzuwenden. Studien zufolge müssen die Treibhausgasemissionen bis 2030 halbiert und bis 2050 auf null gesenkt werden. Das ist zu schaffen, bedeutet aber auch eine große Umstellung für die Volkswirtschaft. Die Energiegewinnung und der Verkehrssektor müssen auf erneuerbare Energien umgestellt, die Landwirtschaft muss nachhaltiger gestaltet und unser Konsumverhalten muss verändert werden.

Schluss

Ich hoffe sehr, das Buch konnte Ihnen dabei helfen, einen Einstieg in das doch recht spezielle Thema der Wirtschaftswissenschaften zu bekommen, und konnte Ihnen zeigen, dass Wirtschaft nicht immer trocken und langweilig sein muss. Es gibt viele kontroverse Themen, die von mehr als nur einer Seite beleuchtet werden sollten. In keinem anderen Themenbereich gibt es wahrscheinlich so viele unterschiedliche Meinungen wie in der Wirtschaft. Umso besser ist es, dass Sie, nachdem Sie dieses Buch gelesen haben, sich Ihre eigene Meinung über Prozesse machen können. Nun können Sie Handlungsweisen in der deutschen Wirtschaft, aber auch internationale Verknüpfungen nachvollziehen. Zu guter Letzt folgt nun noch ein Zitat des US-amerikanischen Börsenspekulanten und Autoren *André Kostolany*, der das Thema Wirtschaft sehr gut beschrieb:

„Man kann die Wirtschaft nicht lehren,
man muss sie selbst erleben und überleben."